儿童时间管理培养课

张永芳◎编著

内 容 提 要

时间对于任何人而言都是公平的，每个人的一天都是24小时。儿童的时间观念和对时间的把控能力还不强，生活中非常容易出现做事磨蹭、学习拖拉、专注力差、大把时间被浪费等问题。因此，如何帮助孩子做好时间管理也成为家长们亟待解决的问题。

本书是一本家庭教育类书籍，着重阐述了如何在生活中培养儿童的时间观念，并切实给出了具体帮助儿童做好时间管理的方法，可以让孩子有效地掌握自己的时间和生活，培养孩子"高效学习、从容生活"的好习惯，让孩子自律且快乐地成长。

图书在版编目（CIP）数据

儿童时间管理培养课 / 张永芳编著. --北京：中国纺织出版社有限公司，2022.8
ISBN 978-7-5180-9133-1

Ⅰ.①儿… Ⅱ.①张… Ⅲ.①时间—管理—儿童教育—家庭教育 Ⅳ.①C935②G782

中国版本图书馆CIP数据核字（2021）第223677号

责任编辑：刘桐妍　　责任校对：高　涵　　责任印制：储志伟

中国纺织出版社有限公司出版发行
地址：北京市朝阳区百子湾东里A407号楼　邮政编码：100124
销售电话：010—67004422　传真：010—87155801
http://www.c-textilep.com
中国纺织出版社天猫旗舰店
官方微博 http://weibo.com/2119887771
三河市宏盛印务有限公司印刷　各地新华书店经销
2022年8月第1版第1次印刷
开本：880×1230　1/32　印张：7
字数：128千字　定价：49.80元

凡购本书，如有缺页、倒页、脱页，由本社图书营销中心调换

前言

孩子干啥都拖拉、磨蹭，说了半天无果；孩子写作业注意力不集中，做事三分钟热度；孩子玩游戏上瘾，拿起手机放不下……相信在我们的生活中，很多家长朋友都有以上这些苦恼，面对这些拖拉、磨蹭的孩子，很多父母不是催促、长吁短叹就是暴跳如雷，还有一些妈妈会大声训斥，以为这样就能帮孩子快起来。遗憾的是，催促反而让孩子更慢了；大声训斥只能维持几分钟的效果，孩子也只是在那一瞬间"加快了步伐"，但随后又会变成慢吞吞的"乌龟"……

其实，孩子有这样一些表现，原因都来自他们缺乏时间观念，孩子毕竟是孩子，他们天性是爱玩的，并不如成人一样能够认识到时间的重要性，因此，我们必须督促和教育孩子。如果我们对孩子实施"完全放养"，那么，孩子势必会养成做事拖拉、写作业慢、早上不想起、晚上不肯睡等习惯，那么他的生活、学习效率自然就会很低。这样的孩子，我们很难想象他们能取得好的学习成绩，也很难想象他们有好的自制力，在未来能有出色的表现和竞争力。

要让"慢性子"的孩子快起来，也不是不可能，这些孩子完全可以变得积极起来。但无论如何，我们首先必须要挖掘出孩子行为拖拉、磨蹭的深层次原因，并让孩子树立正确的时间观念，让他们产生紧迫感，并且让他们学会合理利用时间。

儿童时间管理培养课

当然,在现实生活中,已经有很多家长认识到对于6~12岁的儿童进行时间管理培养的重要性,他们也在积极寻求方法来解决孩子的拖拉问题。要帮助孩子快起来,家长首先要帮助孩子认识和了解时间、强化他们的时间观念并了解孩子磨蹭的深层次原因,不可盲目训练。

相信很多家长需要一本指导用书,这就是我们编写本书的初衷,本书从时间管理的角度出发,从如何帮助孩子认识时间着手,注重训练孩子的行动力、专注力,为家长提供儿童时间管理训练的实用方法,进而为我们培养出一个学习认真、做事专注、时间观念强的好孩子。

当然,这一培养和训练并不是一日之功,而是一个长期的过程,需要父母和孩子坚持下去,并使其成为一生学习的功课,无论是家长还是孩子,一旦具备了出色的时间管理能力,就能成为高效学习、工作和生活的高手,就能成功驾驭人生!

编著者
2022年6月

目录

第01章 教孩子认识时间,并明白时间管理的重要性 ‖001

 和孩子一起找出"时间神偷" ‖002
 借助时钟帮助孩子认识和理解时间,并建立时间观念 ‖005
 孩子太磨蹭,不妨给他一个小闹钟 ‖009
 告诉孩子守时是一种美德 ‖012
 让孩子认识到时间管理的重要性 ‖016

第02章 建立时间观念,让儿童告别漫无目的 ‖019

 先玩了再说
  ——孩子没有时间概念就没有紧迫感 ‖020
 我就是想玩玩这个,看看那个
  ——孩子注意力不集中自然漫无目的 ‖024
 我就是不想动
  ——时间观念差的孩子往往行动力差 ‖029
 急什么,还早呢
  ——孩子做什么都拖拖拉拉 ‖031
 我喜欢一边学习一边玩
  ——孩子三心二意无法高效 ‖036

第03章 改变不良习惯，儿童做事才有效率、有成果 ‖039

  我早上就是起不来
    ——孩子爱赖床，一天计划被耽误 ‖040
  孩子吃饭磨磨蹭蹭
    ——如何让孩子养成良好的用餐习惯 ‖043
  晚上睡觉前就是想多玩会儿
    ——帮孩子养成良好的作息习惯 ‖048
  懒点怎么了
    ——如何根治家中的小懒虫 ‖051
  学习太累、休息时间不足
    ——固定时间学习、固定时间娱乐 ‖055

第04章 做好规划，让孩子遵守时间计划表能防止时间浪费 ‖061

  总是手忙脚乱
    ——帮助孩子做好日程安排 ‖062
  东西又找不到了
    ——教会孩子做事有计划，有条理 ‖064
  做足课前准备，听课效率更高
    ——督促孩子做好课前预习 ‖068
  学过就忘——帮助孩子根据自身情况，
    制订合理的复习计划 ‖072

在固定的时间学习

——培养孩子固定的学习习惯，避免时间的浪费 ‖075

第05章 严于律己，时间管理离不开孩子的自律 ‖079

反正妈妈会做好

——包办代替，让孩子时间管理能力差 ‖080

我要克制自己

——培养孩子强大的自制力 ‖084

我是个马大哈

——粗心大意的孩子更容易浪费时间 ‖087

学习没有方向

——让目标唤醒他自主管理时间的热情 ‖090

不能什么都答应孩子

——让孩子在自控中提升时间管理能力 ‖093

把小事做好才能做大事

——在小事中磨炼孩子的自制力 ‖097

第06章 培养整理习惯，从生活中训练孩子的时间管理能力 ‖101

让我自己来吧

——鼓励孩子自己动手，提升孩子的专注力 ‖102

保持整洁

——引导孩子把乱七八糟的东西收拾好 ‖106

书桌杂乱学习效率低

　　——让孩子学会整理书桌　‖110

一步步养成认真专注的好习惯

　　——每天给孩子布置一点家务　‖114

总是慌里慌张、耽误时间

　　——告诉孩子凡事提前准备能节约时间　‖119

第07章　用对方法，让孩子在学习上事半功倍　‖123

为什么学习这么累

　　——好方法让孩子学习效率更高　‖124

适合自己的才是最好的

　　——帮助孩子找到生物钟，完善学习方法　‖127

功课毫无头绪好心烦

　　——为孩子量身定制一份学习计划　‖130

我就是不想写作业

　　——孩子有严重的作业"拖延症"怎么办　‖133

不要浪费一分钟

　　——告诉孩子别忽视微不足道的零碎时间　‖137

我总是记不住知识

　　——帮助孩子寻找适合的记忆方法　‖140

努力了为什么还学不好

　　——告诉孩子效率比努力更重要　‖143

目录

第08章 理清头绪，告诉儿童着手前要找到方向 ‖147

总是陷入混乱之中
　　——帮助和引导孩子做时间规划表 ‖148
我能记住要做的事
　　——鼓励孩子养成做备忘录的习惯 ‖151
事情太多太烦琐了
　　——引导孩子运用四个步骤来划分做事顺序 ‖154
重要的事却没时间做——告诉孩子要将
　　重要的事安排在最有效的时间内做 ‖157
总是有做不完的琐事
　　——告诉孩子要将精力放到重要的事上 ‖161

第09章 屏蔽干扰，良好的生活和学习环境让孩子更高效 ‖165

家里太嘈杂了
　　——给孩子创造安静温馨的家居环境 ‖166
总是被打扰怎么能好好学习
　　——孩子学习时，对他减少干扰和刺激 ‖169
能别催了吗
　　——催促只能打乱孩子的节奏 ‖172
能别唠唠叨叨吗
　　——小心你的唠叨影响孩子的效率甚至影响未来 ‖175

我想看电视玩计算机

　　——电子产品只能让孩子消耗时间和精力　‖179

房间太乱影响学习心情

　　——儿童房间如何布置　‖183

我不敢拒绝别人

　　——孩子敢于拒绝他人才能避免时间和精力浪费　‖187

第10章　劳逸结合，让孩子在玩与学中找到平衡　‖193

学习累了就要活动活动

　　——引导孩子积极进行体育运动　‖194

学习时间太长效率差

　　——告诉孩子，一定要避免长时间的连续学习　‖197

我不想整天待在屋子里

　　——经常带孩子去接触大自然　‖201

放暑假就可以好好玩了

　　——引导孩子科学地安排长假的学习与生活　‖204

一到下午就无精打采

　　——培养孩子每天午睡的好习惯　‖208

好头脑效率会更高

　　——让孩子远离损害大脑的坏习惯　‖210

参考文献　‖214

第01章
教孩子认识时间，并明白时间管理的重要性

作为父母，我们都知道时间管理对于孩子成长的重要性，不少父母也在帮助孩子提升时间管理的意识和能力。但孩子毕竟是孩子，对时间没有正确的认识，因此父母需要从日常生活中着手，如让孩子认识时钟和闹钟，让孩子明白今年他比去年大一岁等，培养孩子的时间观念。这是一个长期的过程，需要父母不断在各个事情上突出时间的重要性，有必要时可以采取惩罚的措施，这样才能逐步让孩子学会珍惜时间，改变磨蹭和拖拉的行为习惯。

和孩子一起找出"时间神偷"

相信在生活中很多父母说:"我就不明白孩子为啥做什么事情都那么拖拉!"或"我真的不知道他一天都在干什么,总是时间不够用。"

美国一项研究表明:儿童的时间管理能力如何,与他们的学习效率有直接的关系,如果缺乏时间观念和意识,一旦养成拖拉、磨蹭、低效的习惯,将直接影响到孩子的生活、学习和未来的工作。相反,如果一个孩子懂得珍惜时间,就会在学习和生活中自动自发、主动去做,在没有人监督的情况下,也能认真、专注地学习。

如何帮助孩子认识到时间管理的重要性呢?对此,教育专家指出,对于6~12岁的儿童,帮助他们找出"时间神偷"——也就是挖掘自己的时间浪费在哪里,能帮助他们学会珍惜时间。

有这样一个教养小故事:

周六晚上,妈妈回到家中后,看了看还在课桌上玩玩具的儿子,生气地说"早上出门的时候我叫你画一幅画,这都一天过去了,画呢?"

儿子偷偷看了妈妈一眼,争辩说:"我也想画啊,没想到今天的时间过得太快,我还来不及画,天就黑了!"

"没时间?从早上8点到晚上6点,整整10个小时,一幅画都没时间画？你的时间是不是被谁偷走了？"妈妈依然很生气，显然她不喜欢儿子为自己的懒惰狡辩。

"哎呀，不要吵架了，我们一起来看看宝宝的时间究竟是谁偷走的！"这时，爸爸从书房走出来，然后打开了家里的监控，从监控里能看到儿子一天的活动。

原来，早上妈妈告诉儿子要画画的时候，他就知道今天的任务了，但是他一想，就一幅画而已，看会儿动画片再说呗，他来到电视机前，看了一集又一集动画片。他上午的时间被电视机偷走了。

午饭过后，他拿起放在客厅的iPad，小手在iPad屏幕上划来划去，乐此不疲，中午的时间被iPad偷走了。

到了下午3点，他又和家里的泰迪犬琪琪玩，嬉笑打闹，不知不觉，就到了晚上。

"看完，我们明白谁是'时间神偷'了，是电视机、iPad和琪琪这三个家伙偷走了咱家宝宝的时间！"爸爸说。

妈妈马上听明白爸爸话里的含义，随即配合地说："没错，明天我们要把时间偷回来！我们只要给'时间神偷'断电，它们就偷不了时间了。"

第二天，儿子很自觉地交出了iPad，进了自己的房间，然后不到一个小时，一幅画就画好了，爸爸妈妈都夸他是真正的"时间神偷"，能把自己的时间及时偷回来。

贪玩是孩子的天性。在上面的故事中，爸爸妈妈通过查看监控录像的方式，让儿子发现自己的时间是怎么浪费的，这有助于孩子认识到如何珍惜时间,如何提升行动力。

英国浪漫主义诗人拜伦曾经说过:"没有方法能使时钟为我敲已过去了的钟点。"时间如流水,一去不复返,培养儿童的时间观念,是家庭教育中不可缺少的一个环节。另外,为了防止孩子的时间被偷走,我们要尽量做到:

1.为孩子营造安静、温馨的家庭氛围,避免分散孩子的注意力

我们在为孩子布置房间时,尽量避免房间颜色、家具款式太过花哨,文具、玩具也不要放太多,避免分散孩子注意力。

2.从小训练儿童良好的注意力

很明显,注意力集中的孩子做事和学习效率更高,也能避免时间的无端浪费;相反,如果孩子学习时候一会儿玩玩这个,一会儿看看那个,就算我们强制孩子学习,效率也不高。可以说,认真、专注是抵抗"时间神偷"的有力武器。

3.父母要避免对孩子进行有意干扰

很多孩子总是在学习时浪费时间,这部分是因为注意力不集中,而另一部分原因则在于父母干扰了孩子,比如,孩子在房间写作业,妈妈一会儿拿点水果进来,一会儿拿点牛奶进来,这样,孩子很难再专心学习了。其实,即使有事,也要等孩子学习完了再说。

4.家长不要把注意力都放在孩子身上,家居环境下也要有自己的事

当孩子认真做作业时,我们不要问长问短。孩子学习上遇到的不懂的问题,让孩子做好标记一起讨论,父母可以自己看

书、看报、看电视,这样才能让孩子心境轻松地学习。

总之,帮助孩子找到"时间神偷",能避免孩子在时间上的无端浪费,让孩子避免行为拖拉,充分利用时间,提升孩子的学习效率。

借助时钟帮助孩子认识和理解时间,并建立时间观念

妞妞今年刚上幼儿园,虽然学校强调要准时到校,妈妈也每天按时叫她起床,但她总是磨磨蹭蹭,妈妈看着都着急。其实妞妞每天起床很早——7点,但是在穿衣服、刷牙、洗脸、穿衣服上总是毫无时间观念。妞妞妈妈经常出门时在门口一个劲儿地催,但她还是动作缓慢,像个上了年纪的老太太。

就算妈妈告诉她,马上就要到八点了,但她还是不急不缓。妞妞妈妈说,不仅上幼儿园的时间段磨蹭,连平时睡觉、吃饭的时候,也是如此。

妞妞总说:"妈妈,等我看完这个!妈妈,我想再玩一次!"如果不迁就她,她也会在床上这动那动压根不睡。

不得不说,孩子做事、学习磨蹭、拖拉,真的很让人着急。细心观察身边的家长,他们大多数都有同样的困扰,但是却不知道如何引导和帮助孩子。

其实,这个问题很简单,孩子之所以有这样的一些行为观念,是因为他们对时间还没有明确的认识,他们不知道时间的

意义，就比如案例中的妞妞，她并不知道八点是什么意思，因此，即便妈妈强调了很多遍，但是妞妞却依旧屡教不改。

事实上，现代社会，各行各业都已经认识到时间管理对于提升效率的重要性。成长中的儿童虽然还未步入社会，但是也必须及早学习时间管理，因为儿童善于管理和规划自己的时间，往往做事效率更高、行动更迅速。然而，培养儿童时间管理能力的前提就是让他们有一定的时间观念。但其实，对于一些年幼的孩子来说，时间的概念是模糊的，他们并未认识到时间正在"流失"，此时，我们就可以最常用的计时工具——时钟来带领孩子认识时间。不过，让儿童通过时钟认识时间是需要一些过程的：

1.让孩子认识时钟前，先让孩子了解基本的数字概念

这是认识时钟最基础且最关键的一步，孩子只有了解和熟悉0~60的所有数字，才能快速认出时钟上的时间。

在平时的学习和生活中，父母要有意识地让孩子了解这些数字，教导孩子这些数字的正确排序和读法，并随机挑选出一些数字让孩子来认识。另外，当孩子掌握了这些数字后，可以让孩子以五个数字为一个单位来计数。用这样的方式让孩子一直数下去，让孩子形成一个拥有五个数字代表一个单位的概念。

2."搭脚手架"法帮助孩子认识时钟

所谓"搭脚手架"，是一种帮助孩子认识时钟的概念，孩子可以先从认识小时开始，再认识分钟，最后是小时和分钟一起认识。

第01章 教孩子认识时间，并明白时间管理的重要性

具体来说，可以分为下面三个步骤：

第一步：认识小时

让孩子认识钟表上的时间并不是一件简单的事，我们一开始不要强迫孩子认识，可以先询问孩子时钟表上指针的长短。如果孩子能答得出来，可以做进一步解释，让孩子了解长指针和短指针分别代表什么：长的指针表示的是分钟，短的指针表示的是小时，并告诉孩子，现在要了解的是短的指针——时针。

在帮助孩子认识时钟时，需要明确一个前提——保持分针位置不变——保持在12点的位置，此时，你可以告诉孩子，当长指针指向此处时，表明此时是整点，此时短指针指向哪里，就是几点。

我们可以移动时针的位置，让孩子练习。除此之外，还可以将时间与一些具体时间联系起来，如现在是6点，我们玩一会儿汽车。7点的时候，我们就去洗澡。

第二步：认识分钟

很明显，相对于认识小时来说，认识分钟难度大多了，因为此时，孩子需要解读的是两个数字，关键还是两个计数区间不一样的数字。

在时钟上，代表"1"的小格子，在分钟上，突然就变成代表"5"的意义了，这对于孩子来说，一下子很难以接受。

这时，家长可以利用孩子好奇的天性，通过把数字假装成秘密身份的人来进行认识。比如表盘上的数字"1"的真实身份是"5"，通过让孩子默默记住，或者主动写下，来加强孩子的对分钟的理解。

在基本带领孩子认识完分钟下这些"秘密数字"的真实身份后，在接下来一段时间里，通过和孩子玩双重身份的游戏，进行进一步的强化。

比如，用1~12写好几张卡片，随机在卡片里挑一张，当选出的是数字"1"，拿卡片的人就必须说出它的秘密身份"5"。

第三步：分钟与小时同时认识

在孩子能掌握以上两个步骤后，家长就要引导孩子有意识地将二者联系起来，进而从整体进行把握。

但是，这点对于孩子来说难度很大，而先从小数字、整点入手，难度偏小，会更方便孩子理解和接受。

除此之外，家长还要教会孩子，当同时认识分钟和小时时，我们需要先看长的指针，确认好分钟，再看短的指针，确认好小时，然后再将时钟先读，分钟后读的顺序表达出来。这个过程不可焦躁,以避免让孩子弄混,甚至失去学习兴趣。

3.引导孩子将时间认识引入到他们的学习和生活中

任何知识,只有应用到现实生活中,才有了意义。我们引导孩子认识时间,目的也是为了让孩子在生活中能珍惜时间、管理时间,所以在孩子基本掌握了对时钟的认识后,我们就要有意识地在生活中加以运用。

比如,告诉孩子只能玩15分钟的游戏,15分钟后必须关计算机,"现在是7点钟,你15分钟后就必须关掉计算机",如果孩子遵守了这一个约定,就给予奖励。这样在日常生活中,培养孩子对于时间的认识,也让孩子对于时间也更加注意。

在运用时钟帮助孩子认识时间这一过程中,需要父母付出极大的耐心,需要我们一次次、分阶段进行指导。因为每个孩子对于时间概念的认识,都不是与生俱来的。

另外,父母在为家庭购买钟表的时候,最好买那些有表盘的钟表,而不是一目了然的数字表,这样,能让孩子在有意无意中更好地认识时间。

孩子太磨蹭,不妨给他一个小闹钟

在家庭教育中,相信不少父母都遇到过这样一个苦恼:孩子干啥都慢半拍,起床磨蹭、写作业磨蹭、出门磨蹭,参加活动磨蹭。但更让家长们头疼的是,孩子磨蹭还不能催,一催他们更不听话,甚至更慢了。其实,对于这样的情况,我们不妨让孩子自己掌控时间——给他一个闹钟,我们不妨来看看下面这位妈妈是怎么做的:

白女士的女儿菲菲是个很可爱的女孩,今年刚上一年级。以前上幼儿园早上还能睡懒觉,现在可不行了,尤其是现在冬天来了,起床对于她来说简直是太痛苦了。每天早上她最眷恋的就是被窝,为了叫她准时起床,妈妈恨不得掀了她的被子。

白女士每天早上先要做早饭,还要送孩子去上学,有好几次就因为菲菲的磨蹭让她耽误了很多工作,经常是员工都已经在等她开会了,她还在等菲菲穿鞋。后来,白女士也找过保姆,但是菲菲的磨蹭现象更严重了,无奈,白女士还是亲自管教。

有时候时间真来不及的时候她会对菲菲发火:"都几点了!你再不起我可要迟到了,到时候有你好看的!"

而菲菲呢,即便是被妈妈"威胁",也永远是那副没睡醒的样子:慢慢起来,板着脸、嘟着嘴去洗漱,继续板着脸吃饭,还经常自言自语:"要是不上学就好了!"

白女士每天都为这个事情头疼,后来,办公室的李大姐给她支了一招⋯⋯

一天,菲菲从学校放学回来,就看到客厅桌子上摆放了一个礼物,上面赫然三个大字:"菲菲收",菲菲激动地打开,里面是一个精致的闹钟,还有一张纸条:"给菲菲,你不喜欢早上太早叫醒你对吗?妈妈理解你!从今天起,你可以自己做主。爱你的妈妈。"

菲菲又惊又喜,她跑到厨房对妈妈说:"你怎么知道我讨厌别人叫醒我?""还用问吗?妈妈都看出来了。不过这也很正常,有时妈妈也不愿起。所以我理解你,妈妈为曾经发火向你道歉。"

"谢谢妈妈!我会自己管好自己的。"她高兴地回到了自己房间。

第二天早上,闹钟响了,妈妈到菲菲房间一看,她已经在穿外套了,"亲爱的,太早了,怎么不多睡5分钟呢?""不行,再睡就要迟到了!"

由此可见,对于孩子赖床、起床缓慢的问题,最好的方法不是催促孩子,也不是对孩子大声吼叫,而是给孩子一个闹钟,让孩子自行掌握起床时间,这也是加强孩子时间观念、培养孩子时间管理能力的重要方法。

事实上,孩子赖床,本就是正常现象,我们不要对此下结论说他们懒,更别对孩子大喊大叫。与其一大早就让孩子和自己都暴跳如雷,不如将自由交给孩子,让他们自己决定;或者将闹钟调早几分钟,然后这样说:

"还是待在被窝舒服是吗,是啊,早上起是很困难的。"

"多睡5分钟吧,宝贝。"

给孩子一个闹钟吧!还他一个自由的早晨和赖床的空间,让你们的早晨变得更温暖、亲密,更有家的味道。

另外,家长们可以在事先制订好规则。比如,"晚上最多看20分钟"动画片,只要孩子答应下来,就定闹钟。等到闹钟提醒的时候，家长也能提醒孩子。甚至有的时候，孩子们看了18分钟动画片，不到20分钟他也会一直等待闹钟响起来。

其实"定闹钟"不仅是对孩子的提醒，更是对家长的提醒，也能督促家长遵循规律的生活作息和习惯，培养好的时间管理能力。

虽然看起来"定闹钟"很简单，但是它确实很有效，很多家长反映孩子学会听闹钟响、看时钟后，心理都会有一个变化。在刚开始让孩子定闹钟的时候，可能孩子还会有磨蹭和拖延，但是经过多次强化和训练后，孩子还是很容易接受闹钟定时的。

定闹钟还可以督促孩子写作业。用闹钟督促孩子作业，有利于孩子快速、有效地完成作业。在孩子使用闹钟前，可以根据他的作业总量和做作业的效率，帮孩子估算出做作业需要的时间，然后让他在写作业之前先定上闹钟，让闹钟在完成作业期限的前10分钟响。这样不仅可以让孩子建立管理时间的意识，还可以让孩子在自己定闹钟学习的过程中体验到成就感，不再把作业当作是帮父母完成任务，学习会更加自觉。

告诉孩子守时是一种美德

父母应该教会孩子时间管理的重要性，让孩子学会珍惜时间，但同时，我们还要让孩子明白，我们不仅要珍惜自己的时间，也要珍惜他人的时间，其中就包括守时。在很多父母看来,孩子不守时无伤大雅,但我们要知道,一个守时的人,才能真正地取信于人。

当今社会,诚信的重要性已经日益凸显,守信也是与人打交道与合作的第一原则。我们若想在人际交往中站住脚,就必须培养成自己说到做到、"言必行,行必果"的好习惯,对于我们的孩子来说也是如此。

因此,我们在培养孩子良好的时间观念的时候,要把守时作为培养的重要方面,贯穿到孩子现在的学习和生活中。父母可以多讲一些守时的故事,让孩子明白守时是一种美德,比如德国哲学家康德为准时到达朋友家而买房修桥的故事。

有一次,康德要去拜访他的朋友,双方已经约定了见面的时间。康德为了不迟到。已经提前出发了,但是他没想到的是,必须要经过的桥被洪水冲垮了。

康德当时所乘坐的是一辆马车,马车是无法过河的。康德找了很久的船,但都没有找到,可是见面的时间马上要到了,他就给了附近一个农民很多钱,把他的房子拆了做一条船渡河。这样他没有迟到,而且没有告诉任何人他的这次经历。

从这一故事中,足见康德是守时的典范。

有句话说得好:守时的人不一定优秀,但优秀的人一定很守时。因为守时就代表着自律,有责任心,会让人感觉靠谱,在团队合作和未来发展中更容易获得好机会。对孩子来说,守时代表着有管理时间的能力,能够有计划、有责任心地学习和生活。再如,我们可以给孩子讲张良的故事:

据说,有一天,张良在桥上走着走着,突然遇到一个年迈的老人,老人看到张良后故意将自己鞋脱下来然后丢到桥底下,并对张良说:"小伙子,下去给我拾鞋!"张良感到太突然,想上前与之理论,但是看到对方的年纪后,便忍了忍,去桥底下捡鞋。

当老人拿到了鞋子后,又命令张良为他穿上,张良膝跪于前,小心帮老人穿鞋。

事毕,老人非但不谢,反而仰天而笑离去。过了会儿,老人又返回,对张良说:"孺子可教也,五日后的黎明,与我会此。"

两次会面,皆因张良迟到而散,第三次张良夜半赴约,先老人一步,老人才授给张良一本书,对他说:"读此书则为王者师。后十年天下会大乱。十三年后你会见我于济北谷城(今山东平阴西南),山下的黄石就是我。"说完就很快走了。

张良感到很纳闷,次日天明一看书,方知书名为《太公兵法》（太公，即姜太公，周武王的军师）。张良日夜诵读此书，终于成为一个深明韬略、足智多谋、文武兼备的"智囊"。十年后陈胜起义爆发，十三年后张良去谷城，山下确有黄石一尊，老人的预言神奇般地得到应验。

一个人守时，换来的是他人的信任，自然也就能获得大家的尊重；反过来，如果一个人无故迟到或失信于人，那么，他失去的是一个人的信誉。所以，失信于朋友，无异于失去了西瓜捡芝麻，是得不偿失的。为此，在守时这一问题上，我们要这样教育孩子：

1.在日常生活中增强孩子的责任感

我们一定要让孩子明白，做人做事一定要"言必信，行必果"，因为只有这样，人才能有进步。因此要做到讲信义，就必须加强做人的责任感。如果你无法赴约，那么，最好不要事先答应别人。

2.告诉孩子作承诺时要三思而后行，要考虑到它的可行性

我们要让孩子知道，你一旦答应别人赴约，那么，就一定要努力实现，即使很难做到，你也不能食言。如果真的出现意外状况而不能及时赴约，那么，要放下面子，及时诚恳地向对方说明实际情况，请求谅解。

3.及时纠正孩子的不守时行为

人都犯过错，包括不守时，我们的孩子也是。当发现孩子的不守时行为后，要让孩子认识到行为的错误性，主动找对方道歉。在生活中，我们也要为孩子做好守时的榜样，对别人要

讲信用,负责任。与人约会,约定好的时间就一定要出现,如果出现意外情况,一定要给予说明。

总之,作为父母,在孩子年纪还小时,我们不但要督促他们赶快积累知识和财富,还要注重对孩子德行和修养的培养,其中就包括守时,而对于孩子不守时的行为,一定要及时纠正。

让孩子认识到时间管理的重要性

无论是工作、生活,还是学习,时间管理的重要性都毋庸置疑,但是孩子毕竟是孩子,他们还不懂得非常合理地安排自己的时间,所以,教会孩子认识到时间管理的重要性非常有必要。

以下是给父母的几点建议:

1.让孩子认识、理解时间,认识到时间是不可逆且珍贵的

对于一些年幼的孩子来说,因为时间看不见摸不着,他们并不理解什么是时间,为了能更直观地教孩子知道时间,家长可以带领孩子从认识闹钟开始。

你可以带孩子一起去购买,买孩子喜欢的样式,然后告诉他一天有多少小时,一小时有多少分钟,一分钟有多少秒,使他对一天时间有个详细了解。

在孩子做一件事时,你可以告诉孩子还有5分钟时间,然后让孩子自己感悟5分钟的时长是多少。并且,对于限定好的五分钟,时间一到马上截止,让孩子明白时间的可贵。

另外,如果今天孩子的学习任务不多,提前半小时完成了,那么,接下来的半小时可以让孩子自由安排,让孩子做自己喜欢做的事,让他学会珍惜时间。

2.拟定作息时间表,让孩子生活变得有规则

父母可以根据孩子上学和放学时间,为全家制订一个作息时间表,如什么时候起床,早上什么时候出门,什么时候睡觉等,最好和孩子一起制订,让孩子有参与感。

不过,我们不必将时间定得太死,要留有余地,让他有一个习惯养成的过渡期。比如,早上7:00起床,让孩子穿戴好衣服、洗漱好、吃好早饭,7:30按时出门。如果时间还早,就让剩余时间由他自己分配。如果孩子行为迟缓、耽误了时间,那么也要按时出门。

如果一些原本打算早上做的事,如晨练没有做的话,那么就放学回来做。另外作息时刻表不仅是为孩子制订的,父母也要严格遵守,并且家庭成员要互相监督,只要坚持下来,孩子就会有一定的时间观念。

3.选用倒计时法,增强时间观念

可能很多父母发现,孩子做事似乎特别磨蹭,如吃饭,成人半个小时能吃完,他们可能需要一两个小时,并且,如果是自己不爱吃的菜,他们可能需要更久的时间,这种情况怎么办呢?

对此,我们可以提醒孩子最后时间。比如,一顿饭如果规定了孩子半个小时吃完,那么,最后的15、10、5分钟里,要不断提醒他,慢慢这样训练,一段时间后,孩子的速度就能快多了。

儿童时间管理培养课

4.选用限时法,提高时间使用的效率

以孩子写字为例,可能年幼的孩子在刚开始学写字时会写一点就给父母要看一下,甚至一边玩玩具一边写字,原本10分钟就能写完的作业,最后可能耗时40分钟,甚至更长时间写完。家长们可以引导孩子把作业分成几部分来完成,每段限时10分钟,在要完成作业的10分钟内要求孩子集中注意力,慢慢地帮助孩子提高时间的使用效率,一起培育孩子的专注力。

5.什么时间做什么事,过期不候

无论是成人还是孩子,生活作息时刻要有规律,任何一件事,都要在规定时间内完成,时间没有了就追不回来了,过期不候。

例如晚上孩子在睡觉前会有一系列事需要完成,如洗澡、热牛奶喝、刷牙、看动画片、亲子阅览等,基本上都会在一个小时或半个小时内去完成,但对于很多年纪小的孩子来说,需要完成的太多了,全部做完难度有点大。例如,到了洗澡时间,可是他又想多玩一会,结果是每一件事都往后推,到上床睡觉时有些事还没做完。要避免上面的情况,家长可以这样做:如果过了当天的动画片时间、讲故事时间,就取消这段活动,并且给孩子讲清楚,今天因为什么原因错过了这些特权,只能等到明天晚上才可以有的。有过几回这种经历后,孩子就会在时间的分配上有很大改善。

总的来说,父母帮助孩子认识到时间的重要性、强化他们的时间观念,从小就培养孩子对于时间进行合理的分配和管理,不仅可以帮助孩子养成良好的习惯,也能培养和锻炼孩子的意志品质,令孩子终身受益。

第02章
建立时间观念，让儿童告别漫无目的

不少父母感叹，孩子做什么都磨蹭、拖拉，真想拿根棍子跟在后面，催促他快点。但打骂孩子从来都是下下策，说不定孩子更加叛逆，做事更慢了。要改变孩子的这些习惯还是得从根上解决。究其原因，孩子拖拉是因为孩子的时间观念差、意识不到时间的重要性，更意识不到哪些是需要自己完成的。为此，在引导孩子掌握时间管理能力前，我们有必要先带领孩子认识时间、加强孩子的时间观念，让孩子形成自动自发力，孩子的专注力也就提升了。

先玩了再说——孩子没有时间概念就没有紧迫感

生活中，可能不少家长发现自己的孩子似乎一点紧迫感都没，他们一放学回家先玩了再说，边玩边学，认为时间有的是，反正有人着急会催他完成作业，家长推一下才动一下。在学校由于没有父母督促，边玩边学，为此课堂作业无法按时完成，回家需要补作业，还养成了听课效率低下的习惯。这样下去，随着进入中高年级，成绩会大幅下降。孩子有这样的表现，是因为他们没有时间概念，我们先来看下面的案例：

翠翠妈妈最近和闺蜜聚会时谈到了自己在教育上的苦恼："我的女儿翠翠，从小最喜欢玩，让她干什么，她都是先玩了再说，让她吃饭，她要玩餐具，让她画画，她要玩笔，后来上小学，老师布置了家庭作业，也是回来先玩，拖拖拉拉到半夜都写不完，我只能不停地催。现在，她起床需要我催，做作业需要我催，连出门都需要我催促。我怎么能让我的孩子变得有时间观念，做什么事都不用我催促呢？"

她的闺蜜告诉她，对于孩子的这种情况，一定要让孩子体验一下没有时间观念的后果，不过这需要提前和孩子的老师沟通。

前几天，妈妈出差了，家里只剩下翠翠和爸爸。一开始翠翠还觉得很开心，心想："哈哈！妈妈不在家，再也没人督促我了，真好！"

第02章 建立时间观念,让儿童告别漫无目的

妈妈走后,第一天晚上,翠翠慢悠悠地做着作业,一边做一边玩,很简单的几道数学计算题愣是做到了晚上11点。

第二天早上,很晚才上床的翠翠赖在被窝里不愿意起床,她心里还想着:妈妈肯定会叫我的。可是她忘了,妈妈不在家。

而当她醒来时看了下手表:上午9点了,她已经迟到了1个多小时了!

翠翠慌了,她赶紧起床,怒气冲冲地冲到爸爸的房间,对爸爸吼道:"爸爸,为什么不叫我起床!"

在家休假的爸爸却很平静地回答道:"是我和你妈妈商量好不要叫你的,你长大了,必须要有时间观念!"

翠翠恍然大悟,这次她吃了个教训,也意识到,自己长大了,必须要有时间观念了。

很多孩子都有翠翠这样的毛病,妈妈在的时候,在妈妈的催促下还能将事情尽快做完、做好,可一旦妈妈不在身边了,他就会恢复到拖拉的状态之中。我们会为此而感到非常心急,甚至会控制不住自己的情绪而向他发脾气。

不过我们也要好好想一下,看一看究竟是什么原因使得孩子如此拖拉,看一看我们是不是也要承担责任。

因为像翠翠这样没有人督促就会变得拖拉的孩子,基本上都是因为我们之前总是督促他,才使他维持着这种不良习惯的。那么我们又该怎样做呢?

1.在游戏中帮助孩子建立起时间观念

对于很多年幼的孩子来说,时间对于他们只是一个抽象的

概念，但我们可以运用孩子能接受和理解的方式让他认识和理解时间。

比如，我们可以和孩子做这样的游戏——让孩子在规定的时间内完成一件事，这能让孩子认识到时间与游戏结果之间的关系。你可以设定五分钟，用闹钟来计时，我们可以和孩子一起阅读一个故事，也可以和孩子比赛收拾玩具，五分钟时间到了后，可以让孩子复述五分钟记住了多少生字、故事的内容是怎样的，或者收拾了多少玩具等。

同时我们还要告诉孩子，刚刚我们一起读书、收拾玩具的五分钟时间已经使用完了，是不会再回来的了，以此逐步让孩子认识到时间的概念和珍惜时间的必要性。

2.与孩子达成一致约定

一些孩子做事拖拉，是因为他们觉得时间够用，而这是成人给他们的错觉。

比如，孩子早上出门的时间必须在7：30前，那么，家长可能会将最后时间限定在7：25。但你可能经常把这句话挂在嘴上，"我再给你5分钟，快点！要迟到了"，你这样催促他，是希望孩子能快一些，这样我们就能给自己和孩子留一些时间作为缓冲期。

就是说，即便孩子在7：25并没有做好准备，我们依然能保证他在7：30出门。但从孩子的角度看，他们会产生一种错觉：原来时间永远足够啊，妈妈（爸爸）一直说要迟到，不也没迟到嘛！

其实，我们可以换一种方法催促孩子的——和孩子就某个时间达成一致约定。一位妈妈采用了这样的方法：

我女儿做什么事总是慢吞吞的，似乎总是比被人慢一拍，就比如简单的吃饭，我们经常吃完饭好长时间了，她还是一边吃一边玩。

于是，有一天我告诉她："如果你吃得很慢，我们吃完了你还在吃的话，我们就会收掉碗筷。"起初，女儿不以为意，吃饭时依然左顾右盼，看看这个、玩玩那个。于是，当我们吃完饭后，我直接收掉了碗筷。

看到我的举动，女儿吃惊地看着我，她碗里还有大半碗米饭和她最爱吃的虾仁，但此时，我平静地告诉她："我已经提醒过你要注意时间了，如果你没有吃饱，这就是你自己的责任了。"

这次事情过后，女儿吃饭的速度明显变快了，虽然有时候还是被我收掉了她没吃完的食物，但我发现留在她碗里的食物

儿童时间管理培养课

越来越少。渐渐地,她的吃饭速度跟上我们的步伐了。

案例中这位妈妈与孩子约定时间的方法值得我们效仿。孩子能认识到拖拉的严重性,当发现自己受到"惩罚"时,他们就会自觉改正自己的行为。

3.学会巧妙运用督促法

作为父母,我们都希望孩子能自觉主动地做自己的事情,能主动学习,能管理自己的时间,但实际上,我们的孩子最起码要到七八岁以后,才有自我管理的能力,在此之前,少不了父母的督促。

督促孩子,尽量避免说教和唠叨,我们可以将教育的语言说得委婉、温柔、幽默一些。

比如,看到孩子做作业时拖沓磨蹭,你可以开个玩笑说:"唉,作业本是不是不喜欢铅笔了呢?怎么它总躲着铅笔呢?"

这时,孩子自然能听懂你的催促了,而当你离开孩子去做别的事时,你也可以提前对孩子说:"你要努力让作业本和铅笔成为好朋友呀!能做到吗?"孩子会对你这种幽默的语言印象深刻,也更有兴趣主动写作业了。

我就是想玩玩这个,看看那个——孩子注意力不集中自然漫无目的

不少父母发现,孩子无论做什么,总喜欢玩玩这个,玩

玩那个,这是他们注意力不集中的表现。作为父母,我们都知道,无论我们的工作还是孩子的学习,注意力集中都尤为重要。注意力不集中,对于我们的生活还是学习都有严重的负面影响。作为父母,我们也希望自己的孩子认真专注。认真专注是一个孩子具备强有力的时间管理能力的必备条件之一,但他们却经常因为注意力不集中而感到焦虑。

优优今年6岁了,妈妈发现,优优最近看到别的小朋友画画,都会驻足看看,于是优优妈在征求了优优的意见之后,就给优优报了绘画辅导班。没想到她才去了两个星期,就坚持不下去了,每次画画的时候也没有办法静下心来,于是画画这件事也就不了了之。平常孩子写作业时也是,写着写着就开始玩了起来。

优优的这种情况很普遍,他们上课的时候经常会走神,跟别人说小话,或者是手上要玩一些东西,回到家里做作业的时候也很不专注,经常手上不是要玩一个橡皮,就是撕张纸,总之没有看见他按照爸爸妈妈的期望那样很认真地在那边做功课,就这样,本来一个小时的学习时间,硬是磨磨蹭蹭花了好几个小时……

面对注意力不集中的孩子,大部分家长不是长吁短叹就是暴跳如雷,甚至大声训斥,以为这样就能帮孩子拉回注意力,可遗憾的是,大声吼叫只能维持几分钟的效果,孩子也只是在那一瞬间集中了注意力,但随后又会变成一个坐不住的"魔童"……

也有一些父母,则会觉得孩子注意力不集中是因为孩子还小，不懂事，长大了就好了。但是研究表明，只有35%的孩子在成长过程中注意力会有所改善，65%孩子的注意力问题伴随终身。注意力是一切学习的基础，是孩子通向成功的保障！所以，对于孩子注意力的问题，我们不可小视。

那么，对于这样的情况，我们父母要怎样引导呢？

其实，我们唯有找到孩子注意力不集中的原因，才能对症下药。采取科学的方法，让孩子掌握集中注意力的方法，这比单纯地抱怨孩子注意力不集中，大吼大叫地训斥孩子更为重要。

以下是根据造成孩子注意力不集中的几大原因给出的建议：

1.不断被打扰

其实，许多孩子本身有着很不错的注意力，只是家长经常有意无意地干扰到他们，所以，他们变得无法集中注意力做手头的事。

例如，周末的时候，孩子原本在专注于手头的水彩画，但是奶奶认为孩子已经画很长时间了，身体会疲惫，于是，一些奶奶就会端着一盘水果出现在孩子的书桌前，然后说："孩子休息一会儿吧，先吃一点水果""孩子这是奶奶温好的牛奶，先喝一点牛奶补充体力吧""孩子，这是奶奶刚刚买好的点心，先吃一会儿再画吧"……而孩子在一次又一次抗议无效之后，终于妥协，听从奶奶的建议吃一些水果、喝一些牛奶。但是在做完这一切之后，却无法再提起精力继续画画了。

2.为了获得大人的关注

事实上，每个孩子都希望得到父母的关心，这是他们的心理需求，而不仅如此，到了一定年纪，他们希望获得周围其他很多人的关注，这是他们的意识发展到一定阶段的必然结果，如果孩子因为某些原因而常常受人冷落，或者父母很少关注他，他们就会通过这种"制造"麻烦的方式来获得关注。

对于这种情况，一方面我们要多关注孩子的心理需求，在平日里多关心他，多陪在他身边，即使工作很忙，也要尽量抽时间和孩子多聊天，多与孩子相处，只要他的需求得到了满足，他的这种表现就会减弱；另一方面，我们不要在孩子"捣乱"时过分关注，他们很容易因为你的关注而"得寸进尺"，而要引导他认识到"拥有好行为，才能真正获得他人的关注"，同时我们要及时肯定和鼓励孩子专心学习、做事的表现。

3.身体疲惫

当孩子的身体疲乏，精神力不足、身体虚弱多病的时候，就很容易出现情绪上的不稳定，注意力也更难集中。

家长其实都可以注意到，孩子在晚上赶作业的时候，更容易出现注意力不集中的情况，因为这个时候孩子的身体已经相当疲惫了。当孩子休息时间不充足时，精神自然而然不能集中。

另外，当孩子情绪不好的时候，因为情绪波动的原因，内心会更加无法集中注意力去做一件事情。

4.多动症

多动症，又被称为注意力缺陷与多动障碍（ADHD）。对于儿童来说，如果他们在学习时无法集中注意力或者集中注意力的时间很短，并且容易情绪波动大、没有耐心，生活中也会比其他孩子更加好动等，那么，他很可能患有儿童多动症。

作为父母，我们都知道，孩子调皮很正常，但是如果一刻也停不下来，那么，就要考虑孩子是否存在多动症的情况，因为很多时候孩子因为年龄过小，无法控制自己好动的情况。所以就很容易因为多动症的原因，出现学习时无法做到注意力集中，在学校无法和其他人进行和平共处，学习成绩低下的情况。

有些家长都认为孩子的年龄还小，即使调皮捣蛋一些也是正常的，不应该限制孩子的活泼好动。即使孩子注意力不集中也无所谓，等孩子大一些再进行适当的引导，进行纠正就可以了。但是这些家长们可能没有考虑到，孩子的一些坏习惯一旦养成，再想矫正就十分困难了。

俄罗斯教育家乌申斯基曾指出：注意力是我们心灵的唯一门户，意识中的一切，必然都要经过它才能进来。注意力是每个人都应该具备的基本能力，而家长更应该从孩子小的时候就注重培养孩子的注意力，因为每一个人都需要一定的专注能力，才能够更好、更高效率地做一件事情。

如果孩子一直无法做到注意力集中的话，那么会在各方面遇到阻碍。因此，父母都要引起重视，尽早干预和影响，以帮助孩子尽快调整。

我就是不想动——时间观念差的孩子往往行动力差

"可怜天下父母心",普天下的家长都希望自己的孩子能健康、快乐地成长,都希望能培育出色的孩子,而出色的孩子一大标准就是行动力强,能做到立即去做、立即学习,即使没有家长的监督,也能恰如其分地执行,然而,大部分家长看到的是,自己似乎养出了一个极为懒惰的"小祖宗",你让他干什么,他都一副懒洋洋的样子,无论是学习还是其他活动,只要你不催促,他就不做,而即使做了,也是一拖再拖。其实,孩子有这样的表现,也是因为他们时间观念差。反过来,只有帮助孩子加强时间观念,才能提升他们的行动力,才能让他们珍惜时间、主动去做,在没有人监督的情况下,也能认真、专注地学习。

贝贝的爸爸妈妈都是数学老师,从小,他们就培养了贝贝严谨的学习和生活习惯。虽然贝贝只有8岁,但是他却不需要爸妈吩咐任何事情。

每个周末,贝贝早晨起来第一件事情就是摊开记事本,写下自己一天要做的事情,并且按照轻重缓急从上到下罗列开来。

接着,贝贝按照所罗列的任务单,从第一件事情开始做,做完一件事情才会接着做下面的事情。这样,根本不用大人督促,贝贝不但能很快地把作业做完,同时还有玩的时间,这令爸妈很高兴。

贝贝的爸爸妈妈也有这一习惯,他们会每天把要做的事情都记下来，然后按照所写去做，通常不会把事情落下，效率也很高。贝贝在爸爸妈妈潜移默化的影响下，也养成了把一天的事情按重要程度罗列出来这个好习惯，并且受益匪浅。

故事中的贝贝是个自觉的孩子。很明显，任何一个孩子，一旦懂得珍惜时间、自觉学习，就能高效地学习，并能养成好的做事习惯，从而受益终身。

遍翻中外名人传记，我们都能看到他们在孩提时代就训练出了超强的自动自发力，懂得珍惜时间。要知道，这会成为孩子日后成人成才的必备素质。凡事积极主动的人才能抓住成功的机遇，并能得到他人的欢迎与尊重。因此，培养孩子的自动自发力是每个家长的必学功课。

居里夫人出生在波兰，她曾两次获得诺贝尔物理奖，她自幼就是学习认真专注的孩子。她三四岁时就会认真听哥哥姐姐看书和念诗，而且只要听两次，她就能一字不差地背出来。

6岁时，居里夫人进入一家私立小学学习，她的年纪比周围的同学小两岁左右，但即便如此，她在各方面的表现已经很出色了，成绩永远第一。她读书非常专心，不管多么喧哗、吵闹，她都能伏案学习、认真专注，仿佛周围发生的一切都与自己没关系一样，而正是这种专注力，让居里夫人有了后来的成绩。

而在现实生活中，我们看到的是，随着物质水平的提高，很多家庭养出了很多的"小皇帝"和"小公主"，更别说有自觉意识。现实生活中，也有诸多家长在抱怨孩子越来越难以管教，费尽九牛二虎之力，孩子依然不懂事、德行差、依赖性强、学习成绩不尽如人意等。他们一方面责怪孩子天生就笨，不争气，另一方面又埋怨自己教子无方，心有余而力不足。

究其原因，不是孩子天生就笨，家长能力不够，也不是他们不爱自己的孩子，更不是他们不愿让孩子得到最好的教育，恰恰相反，正是家长这份爱，这份无边的爱，什么都为孩子包办，不仅使孩子缺少自主表现的机会，而且使家长在无怨无悔的爱的付出中忽略了对孩子动手能力的培养，扼杀了孩子自主自发地独立解决问题的机会。

的确，教育就是培养习惯，好的习惯成就好的性格，良好的行为习惯要从小培养，您若不想自己的孩子成为小霸王、小懒虫、小磨蹭，明智的做法是不做"有求必应"的父母。

总之，时间观念强的孩子，具有高度的自觉意识，他们有主见、有创意、懂回报、有爱心、会学习、会思考、会交往，既乐观自信，又坚强不屈，而这种能力的培养，需要我们从小进行！

急什么，还早呢——孩子做什么都拖拖拉拉

"小涛，去做作业吧，你都看了半天电视了。"妈妈一边刷碗，一边叫正在看电视的小涛回房间做作业。

"等会儿，再看完这集，我就去。"

"你刚才就这么说，再不去，你今天的作业估计都做不

完了。"

"哎呀,妈妈,你真啰唆。"

"过来一下,小涛,妈妈觉得有必要告诉你管理时间的重要性了。"

生活中,和小涛一样爱拖拉的孩子太多了,这让很多父母很是苦恼。自古以来,我们常常被告诫要珍惜时间,孔老夫子也曾喟然长叹:"逝者如斯夫,不舍昼夜!"生活中,作为父母,我们也常常告诉孩子韶华易逝、"少壮不努力,老大徒伤悲"的道理,但面对要完成的事情,孩子还是会尽量把事情拖到最后期限才去做,到了不能再拖的时候才拼命完成,比如,早上起床,发现要迟到了,他们才从床上起来;周日晚上了,才紧赶慢赶地做假期作业,要考试了,他们才发现有很多知识点没有复习到……对于所有的活动,他们是能拖就拖。

对于他们来说,他们每个学期最盼望的就是放长假,一到长假,他们就可以暂时摆脱学习的压力,不需要每天按时上学、做功课,可以和伙伴们尽情地玩。放假前,他们会对自己的假期有无限的憧憬,也会制订很多计划,但他们都忘记了假期还有一个重要的任务——老师布置的作业。因为孩子们会认为,假期还长着呢,先好好玩吧。

只要你催促他们,他们就会说:"时间还早呢",但假期总会过去,很快,孩子们发现,马上就要开学了,可是作业还没做呢,"一个星期肯定能搞定",孩子们这样为自己打算着。但实际上,真到最后一星期的时候,他们发现,作业太多了,太难了,自己根本没有精力和能力完成放假伊始被自己看轻的假期作业。

　　孩子们的拖拉其实就是缺乏时间观念和行动意识的表现。其实,我们每个人都有这样的毛病,因为人们都愿意先享受轻松的时刻,将负担任务放到最后突击完成。但事实上,"临时抱佛脚"往往只是为了交出任务,结果也只能勉强过关。而当下次再遇到这样的情况时,孩子还会重复这样的做法。以这样的态度学习、生活,孩子又怎么能形成良好的习惯呢?因此,每一个家长,都应该意识到这一点,决不能让孩子养成拖拉的习惯。

　　的确,任何人,只有在自己的时间被充分利用而不被浪费的情况下,生活才是充实的,做事才是有效率的。

　　对于任何一个孩子来说,时间都是尤为珍贵的。一寸光阴一寸金,寸金难买寸光阴。任何知识的获得,都要花费时间。因此,我们要告诉孩子,要正确地认识时间的作用,不要荒废了大好的青春,要把时间观念,当成追求成功成才路上必须培养的品质之一。为此,我们可以告诉孩子关于寒号鸟的传说。

　　寒号鸟是一种很特别的鸟,与其他鸟类不同的是,它有四只脚,翅膀是光秃秃的,也不能和其他鸟类一样翱翔于天空,但其实,寒号鸟原来不是这样的。

　　很久以前的一个夏天,寒号鸟比其他鸟类更漂亮,它全身长满了洁白、美丽的羽毛,因此,它很骄傲,认为自己已经是最漂亮的鸟了,甚至不把鸟类之王——凤凰放在眼里,它每天也不干活,只是炫耀自己的美貌。

很快,秋天来了,所有的鸟类都开始忙碌了,有的开始准备过冬的食物,有的开始飞向南方避寒,而只有寒号鸟,既没有飞到南方去的本领,又不愿辛勤劳动,仍然是整日东游西荡的,还在一个劲地到处炫耀自己身上漂亮的羽毛。

一眨眼,冬天终于来了,大雪纷飞,所有的鸟类都躲起来过冬了,但寒号鸟,却饥寒难耐,而且,它身上美丽的羽毛也都掉光了。它更冷了,只有躲在石缝中避寒。它不停地叫着:"好冷啊,好冷啊,等到天亮了就造个窝啊!"等到天亮后,太阳出来了,温暖的阳光一照,寒号鸟又忘记了夜晚的寒冷,于是它又不停地唱着:"得过且过!得过且过!太阳下面暖和!太阳下面暖和!"

终于,整个冬天,寒号鸟都这样凄惨地过着。等到春天来的时候,其他鸟类飞来石缝旁边时,寒号鸟已经冻死了。

这个寓言故事同样说明了拖延就是宝贵生命的一种无端浪费。鲁迅说过:"伟大的事业同辛勤的劳动成正比,有一分劳动就有一分收获,日积月累,从少到多,奇迹就会出现。"勤奋源于执着,永不放弃,永不松懈。假如你渴望成功,那就抓住今天,立即行动!

事实上,不重视时间是所有人尤其是孩子在学习乃至生活中的大敌。而养成守时、有序、高效的好习惯,是孩子一生受用不尽的财富。拖拉是一种坏习惯,也容易引起心理内疚和焦虑,那些做事拖拉的人常常会受到一定程度的心理折磨。一些现代教育专家认为，人们拖拉的真正原因其实就是恐惧。而驱除恐惧的唯一办法就是迎向它，行动起来，尽早完成任务。

因此，作为父母，你的孩子如果也行事拖拉，那么，你一定要引起重视，因为拖拉的习惯对于孩子的成长和未来的发展是十分不利的。在日趋激烈的竞争中，磨蹭、拖拉的人是很容易被社会淘汰的。因此，作为家长，我们要努力改变孩子拖拉的习惯。我们要告诉孩子，在考场上，面对题目繁杂的试卷，你能够拖延吗？时间就是分数！你的拖延很可能使自己无法按时答完试卷。慌忙之中，你乱了阵脚，看错题，来不及做题，思路混乱，不能发挥自己的正常水平。于是乎，本应是状元的你落榜了。由此可见，拖延的毛病是绝对要不得的！

我们要告诉孩子，既然问题不能逃避，那么，为何不先解决了问题再尽情地玩耍呢？如此感受快乐的心境和有事情没有完成的心境是截然不同的。

然而，孩子毕竟是孩子，他们对自己的行为缺乏一定的自制力，他们总是想先玩耍。因此，家长可以要求他们在规定的时间内完成应该做的事，让孩子产生一种紧迫感，这样完成的作业，就比仓促之下完成的要效果好得多。当孩子养成"今日事今日毕"的好习惯后，他会终身受益。

当然，督促孩子并不是说要让孩子24小时都努力学习。当孩子做了一天的作业真的辛苦了的时候，家长最好不要去打扰孩子，更不要去逼迫孩子做事情。要知道，让孩子适当放松一下有助于接下来的学习更好地进行。

我喜欢一边学习一边玩——孩子三心二意无法高效

作为父母，我们都知道，无论是做事还是学习，如果孩子能专心致志，一定能提高效率。孩子专注，也是自制力强的一种表现。因此，教育专家认为，培养儿童的时间管理能力，重中之重是培养儿童的专注力，我们在日常生活中要告诫儿童不要一心二用。在同一时间只做一件事，一次只做一件事，能训练其缜密的思维，注意细节问题。

心理学家认为，一个人的专注力是需要后天培养的，而很多孩子缺乏自制力，多与家长的教育有关系。如果在儿童幼年时期没有对他们进行过系统的训练，或是常让孩子一心二用，边看电视边写作业，或是让孩子在一个嘈杂混乱的环境里学习，都有可能养成儿童粗心马虎的毛病。而最重要的原因是，父母责任心教育的缺失，现在的孩子多数是独生子女，凡事父母包办得太多、关照得太多、提醒得太多，从而导致孩子责任心的减弱，养成了做事三心二意的坏习惯，这样孩子怎么能高效呢？

"我的女儿甜甜今年刚满4岁，很可爱，我们夫妻俩工作很忙，常年在外出差，照顾她的任务就在孩子的爷爷奶奶身上，但我们一有时间就过去陪她。因为甜甜是早产儿，体弱多病，所以爷爷奶奶对她照顾很周到，总是担心她生病，并且零食和玩具都给她买很多，经常是嘴巴叼着零食，手上还有布娃娃，家里电视还开着。甜甜2岁就上了幼儿园，知识接受能力不错，就是好动，干啥都停不下来。老师跟我沟通过一次，希望我们家长能配合训练孩子的自制力和专注力。

"这个暑假，进步蛮大，我们让她练习生字，且只让她写，不让她玩其他的。现在，甜甜的进步很大，即使玩玩具，也有耐心多了。"

这里，甜甜之所以好动，很大程度上是小时候和爷爷奶奶在一起生活的经历导致。爷爷奶奶满足了孩子的吃喝玩各方面的需求，看上去并无不对，但却让孩子养成了一心几用的毛病，幸亏得到了及时纠正，否则，孩子自制力差，将来又怎样学得好、取得成功呢？

那么，我们如何帮助孩子克服一心几用的毛病呢？

1.训练儿童一次只做一件事的习惯

如果你决定了做一件事，那么，你就要做到专注，然后，你需要问自己："在这些要做的事情中间，哪件事最重要？"

选出那件最棘手的事,然后保证自己在接下来一段时间内只专注于它。

2.在家庭中训练孩子专注的良好习惯

其实,孩子三心二意的毛病不是只出现在学习上,家庭生活对此也有相当大的影响。例如,孩子在吃饭的时候要专心,不要多讲话;游戏的时候,不要一会儿玩这,一会儿玩那;看电视的时候,不要频道乱开。有句话叫"于细微处见精神",父母必须从孩子的生活细节入手,严格训练孩子事事专心的良好习惯,才能根治孩子粗心大意的不良习惯。专心致志、心思细腻的孩子才有创造力、观察的能力、记忆的能力、逻辑推理的能力和想象的能力。

3.制订一个合理有度的学习计划,让孩子一步步达成

目标不可太高太大,要让孩子跳一跳能摘到桃子,激发孩子的上进欲望,这比一次给孩子很多目标效果好多了。

4.与儿童一起阅读,培养孩子安静的性格特征

营造家庭书卷气。家长无论工作多么忙,家务如何多,也要抽时间和孩子一起读书、观察、讨论、交流心得,使孩子感受到读书之乐、学习之趣。另外可在家中设置一方读书角,多备孩子可读之书,营造家庭书卷气,激发孩子的学习情绪,增强读书兴趣。

总之,专注是自制力的重要方面,我们家长从小就要训练孩子一次只做一件事的好习惯,进而帮助孩子提升时间管理能力,在未来更好地成人成才!

第03章
改变不良习惯,儿童做事才有效率、有成果

儿童心理学家认为,我们的孩子的成长过程,就是不断克服自身缺点的过程,这也包括很多不良的行为习惯,如懒惰、赖床、吃饭磨蹭与拖拉,作息不规律等,如果不加以干预,这些习惯将会影响到孩子的学习和做事效率,甚至影响到他们的人际交往、职业升迁、事业发展……那么,父母该怎样让孩子改正不良行为习惯呢?本章我们就来了解一下。

我早上就是起不来——孩子爱赖床，一天计划被耽误

我们常说春困秋乏，对于成年人是这样，对于孩子来说似乎一年四季都适合赖床，为此，很多妈妈们"叫苦不迭"，眼看着孩子马上就要迟到了，但孩子就是赖着不起来，遇到这种情况该怎么办呢？

迟到对孩子有什么影响？

1.迟到影响孩子的心理健康

迟到的孩子到教室后，不是在全班同学注视之下坐下听课，就是畏畏缩缩地从后门进去。这时，孩子在心理上已经发生了变化。次数多了，孩子会担心、焦虑起来，怕被老师批评、同学们笑话。

2.迟到影响孩子的身体成长

孩子总是迟到，说明作息不规律。幼儿园时期，正是孩子们生长发育的黄金年龄，孩子还没有形成时间观念，起居习惯需要大人帮助培养。如果早上起来匆匆忙忙，没时间吃早餐，或者随便吃点，不仅营养跟不上，对身体的成长发育也是非常不利的。

3.容易养成"拖延症"

孩子迟到，就会错过集体游戏，错过与老师、同学互动交流的机会。做事情拖拉，落在后面，容易养成"拖延症"。

很多家长表示这个年龄段的孩子，打骂都不可以。打孩子容易伤害孩子自尊心，而且不利于亲子关系的培养；骂孩子，一旦把握不住度，很可能对孩子的身心造成影响。最为关键的是，在长身体的关键时期，如果硬把孩子从睡梦中叫醒，对孩子的身体发育，也是一点好处都没有。

那么，有没有什么特别好用的方法，可以有效改善孩子赖床的习惯呢？其实，让孩子不赖床的最根本方法，就是让孩子了解时间。

1.让孩子自己决定休息的时间

在睡觉之前，不妨先和孩子讨论一下就寝、起床的时间，也可以问问孩子希望父母用什么样的叫醒方式。让他自己决定作息的时间，让他知道该对自己的承诺负责；用孩子能接受的方式叫他起床，可以降低被妈妈叫醒时可能发生的不愉快。

2.睡前准备

睡觉前要求孩子先整理好自己的书包，把明天要用的东西准备好；如果天气比较冷，可以先让孩子把明天要穿的衣服叠好放在床头，起床后可以直接帮孩子套上即可。这样做既可以避免孩子在起床后受凉，也可以减少起床后的准备时间。

3.让孩子学会用闹钟

闹钟对于成年人来说，是必不可少的，而对于培养孩子的时间观念，也大有裨益。而在认识闹钟，学会使用闹钟的过程中，孩子可以认识时间。在学习当中，也能体会到一些快乐。孩子一旦对闹钟产生了兴趣，慢慢地就会抛弃掉赖床的习惯了。

4.让孩子挑选铃声

要想让孩子更快地接受一件事情，那就需要让孩子作为参与者，所以从给孩子选闹钟开始，到后面的认识闹钟，再到给孩子选择闹铃的声音，都应该让孩子参与到其中。可以带孩子一起去商场选闹钟，让孩子选择自己喜欢的闹钟样式，回到家后，一起和孩子挑选他喜欢的铃声。当他对这个铃声感兴趣的时候，一旦早上听到铃音响起，孩子就会萌生出兴致，对于赖床的孩子来说，简直是不二法宝。

5.让孩子选择起床时间并鼓励

当选定闹钟铃声的时候，父母就可以征求孩子的意见，问一下孩子想要几点起床。由于孩子对于闹钟第一次有了认识，势必就会有大的兴趣。这个时候，父母要给宝宝两到三个时间选择。比如，你是6：30起床呢，还是6：50起床？让孩子从中选择。孩子选择好之后，父母一定要及时鼓励孩子，比如孩子选择了六点半，这个时候父母一定要说："宝宝，你选择了这个时间起床，妈妈相信你一定会起来的。另外，有这个小闹钟陪着你，你也一定要和它做好朋友哦，不要让小闹钟失望哦。"

当孩子对于时间、闹钟有了清晰的认识之后，接下来父母就可以轻松很多了，而且可以慢慢让闹钟成为叫孩子起床的"好朋友"，久而久之，孩子就会形成一种自然反应，起床再也不是一件困难的事情了。

6.营造起床气氛

孩子到点该起床的时候，妈妈可以播放一些轻松的音乐，或放一些孩子喜欢听的故事CD，让孩子在轻松的气氛中慢慢醒来，同时也可以缓解被吵醒的不愉快。

总之，只要父母用一颗耐心，不用粗暴的醒床方式，用温柔的方式叫醒孩子，让孩子形成一种习惯，渐渐地孩子就会改掉赖床的毛病了。

孩子吃饭磨磨蹭蹭——如何让孩子养成良好的用餐习惯

生活中，不少父母发现，孩子一到吃饭就跟自己"作对"——连哄带骗，孩子还是不愿意吃，要么挑食，这个不吃那个不吃。也有一些父母认为，孩子不爱吃饭，是不是有什么身体上的问题？其实不然。教育心理学家认为，孩子吃饭磨磨蹭蹭，多半是没有养成良好的习惯。6~12岁是孩子习惯养成的最佳时期，此时让孩子养成良好的饮食习惯，对孩子的健康乃至其他性格养成都有积极重要的影响。

我们来看下面的案例：

到吃饭时间了，妈妈做好了饭，准备喊4岁的儿子吃饭，可是叫了几遍，儿子都没反应，还是在玩玩具。妈妈生气了，她一天忙里忙外，要工作，还要照顾孩子。她一气之下夺走了儿子手上的玩具，儿子也不高兴了，居然跟妈妈抢起来。妈妈这下可发火了，生气地把孩子说了一顿。可是，说完之后，看着躲在墙角哭得惨兮兮的儿子，心又软了，她开始后怕，自己这样批评孩子，会不会给他留下心理阴影？

和案例中的这位妈妈一样，很多父母对于管教孩子吃饭问题很是头疼，那么，对于孩子吃饭磨蹭拖拉的问题，我们该怎么做呢？我们再来看看下面这位妈妈是怎么做的：

小梦是个品学兼优的高中生，成绩优异，高考那年，取得了全校第一的成绩。

后来，她的成长经历和学习心得被全校老师和同学知晓。原来，她的生活非常有规律，这归功于妈妈的教育。她妈妈自从有了小梦以后就全身心投入到孩子的养育上，是个非常会管教小孩子的高手。她对小梦非常严格，生活作息都一丝不苟，从来不宠溺。

"比如，吃饭的时候，妈妈不会像现在的家长那样端着饭碗一个劲地说'乖，吃饭'，她喊我们吃饭，我们要是不听话，她就说'不吃算了'，然后就不管我们了，我们只好乖乖吃饭了。如果吃乱七八糟的零食也会被骂，"小梦说，"妈妈的管教很有效，让我们形成了良好的生活和做事习惯。"

在大学里，小梦的生活依然非常规律，学习还是很用功，优秀已经成为了一种习惯。

我们不得不赞叹这位妈妈的教育方法，她真是太机智了！如果在这个时候，妈妈只会对孩子责骂或者是惩罚，恐怕不能达到这么理想的效果。所以，面对孩子不爱吃饭的问题，父母一定要找对方法。在找到方法以前，要对症下药，先找到孩子吃饭磨蹭的原因。

导致孩子吃饭慢的原因有很多，不同年龄段也会出现不同的问题，主要有以下几点：

1.不专注，喜欢边吃边玩

难以专心吃饭一方面是因为小孩子天生性格活泼，能量充沛，创造力和探索欲强，当食欲不足以使他们的注意力集中在吃饭这件事上时,他们就找一些其他更好玩的事情做。

另一方面,因为孩子控制自己注意力的能力较弱,当注意力被转移到了一件比吃饭更有意思的事情上时,他们通常很难自己再将注意力转移回来。

2.身体原因,如肠胃不适等

很多时候家长容易忽视孩子吃饭慢其实是由于身体不适,或肠胃功能尚未发育完善等,如以下三个常见问题:

(1)肠胃有问题:孩子肠胃感到饱胀,吃点东西就觉得不舒服,所以吃饭很慢,或者不愿意吃饭。

(2)动作失衡:孩子的肢体协调能力差,他们会使用汤匙和筷子,但是拿不稳,而且费时费力。

(3)牙齿有问题:比如,上下颚咬合不紧密,缺钙导致牙齿在咀嚼一些纤维高的东西,如白菜、菠菜、韭菜或是牛肉时比较费时间,嘴里也一次性含不住很多食物,只能分很多次慢慢吃。

3.爱吃零食或不合口味

今天的运动量太少或饭前吃了些零食时,孩子当然没办法吃得那么起劲了。假如今天做的菜不合小孩的口味,孩子也会不爱吃饭。

4.常年被追喂,用吃饭来撒娇或提条件

有些孩子觉得是父母在求他吃,于是故意吃得很慢,以便在父母要求他快些吃时提出自己的要求,答应了要求就能吃得快。

5.把吃饭和负面情绪联系在一起

有些父母认为孩子吃得越多越好,总是给孩子盛得满满的一大碗。孩子看见那么一大堆的食物就有压力,胃口自然就消失了。

以下几点是给父母的建议:

1.把按时吃饭和不挑食变成一种规矩

和不爱吃饭一样,很多孩子还有其他很多被父母惯出来的毛病,有多少父母和祖辈,把孩子当成家中的"小公主""小皇帝"。比如,一让孩子干什么,他们就开始哭闹,此时家长就心软了,就"投降"了,就百依百顺了。等到孩子已经"掌握"了任性这个要挟大人的"法宝",知道任性可以"摆布"大人以达到自己的目的,于是无休止地恶性发展下去。当父母想要约束孩子时,发现已经管不住了。因此,我们必须要明白,类似吃饭这样的日常活动,我们一定要为孩子立规矩,并且需要贯彻执行。

2."冷落"比责骂有效果

当发现孩子不吃饭的时候,不要即刻就发火,可以选择对孩子有意的"冷落",因为很多情况下,孩子就是想用不吃饭这样的方式来吸引家长的注意,一旦我们不以为然,他们反而能乖乖吃饭了。

3.自我强化,让孩子体会到不吃饭的后果

比如,孩子不吃饭,拿不吃饭要挟大人。那么你就赶快收拾饭桌,让他好好饿一顿。这饿肚子的感觉就是最好的"惩罚"。又比如,没到穿裙子的季节孩子非穿不可,如果其他办法不管用了,那么就让孩子去穿,受凉挨冻就是最好的教育。采用这一方法,一是要确保后果对孩子身心没多大的伤害;二是大人要狠狠心。

其实,孩子吃饭只是一种不好的饮食习惯,此时,爸爸妈妈不要动辄大声呵斥,一定要智慧地处理这些问题,这样也有利于孩子的成长。

晚上睡觉前就是想多玩会儿——帮孩子养成良好的作息习惯

睡眠专家在研究中发现,充足的睡眠有助于提升表现力、专注力、记忆力、学习能力、情绪管理能力、身体素质,以及生活质量。缺乏睡眠可能导致儿童学习能力下降,产生破坏性行为,甚至导致肥胖、高血压、糖尿病、抑郁症等病症。

的确,作为父母,我们都希望孩子早睡早起、有充足的休息时间,但一些孩子在上床这一问题上就是磨磨蹭蹭,晚上晚睡,早上起不来,造成迟到、白天精神差,这对于孩子的学习和生活都是有不利影响的。而这就需要我们为孩子制订生活规矩,让孩子有个好的作息习惯。孩子休息好了,才能集中注意力学习。

这天晚上,都12点了,6岁的豆豆还在房间拿着妈妈的手机看动画片。爸爸看见豆豆房间的灯还亮着,就站在房门外,等豆豆看完手头这一集,然后敲开了豆豆的门。

"豆豆,你知道几点了,对吧?不早了哟。"

"我知道,可是明天周末呀,没事的。"豆豆为自己找借口。

"可是你知道吗?你今天晚睡,明天就要睡懒觉,明天晚上又会睡不着,循环往复,你的作息时间就会被打乱,伤身体不说,还会影响你的学习效率。"

"嗯,爸爸你说得对,健康的前提还是要有规律的作息时间……"

良好的生活习惯,源自平时作息时间的保持。不少孩子缺乏这种作息时间观念,更谈不上养成。只有合理安排好自己的作息时间,使生物钟保持正常的周期,人体才会感觉到精力旺盛。大量资料表明,凡是生活有规律、勤劳而又能劳逸结合的人,不仅工作效率高,而且健康长寿。

当今社会已经不是一个"头悬梁锥刺股"即能成功的社会,学习上也是。时间加汗水,加班加点,牺牲休息时间,完全不顾自己的身体,这种做法有损身体健康,又没有效率,往往事与愿违。并且,6~12岁的孩子,才入小学,更没有紧张的学习压力,更不必挑灯夜战。

另外,从孩子6岁开始就让他们养成良好的作息习惯,这对于日后他们的学习生涯也大有裨益。另外,我们还可以让孩子在学习之余,打打球,唱唱歌,去郊游等,紧张的心情得以放松,压力自然也就得到缓解。同时,广泛地培养兴趣,让孩子做一些舒心的事，也有利于减轻压力。

那么，我们如何引导孩子养成早睡早起的习惯呢？

1. 每天保证8小时睡眠

我们要为孩子规定，晚上不要熬夜，定时就寝。中午坚持午睡，充足的睡眠、饱满的精神是提高效率的基本要求。

2. 家长也尽量做到早睡早起

有必要的话，父母可以和孩子一起养成早睡早起的习惯，最好全家人都动员起来，以营造良好的环境、氛围来协助孩子调整好生物钟，只要生活有规律了，无论什么季节，孩子都能拥有健康、精神饱满的每一天！

3. 用饮食来协助调整

饮食也会影响睡眠，如果晚餐吃得过饱或摄取热量过高的食物，孩子可能会出现肠胃不适，或者精力过于充沛，从而睡眠质量不好。如此的恶性循环，不只对于孩子的健康十分不利，对成人也一样。因此，我们和孩子都要注重早餐吃饱、午餐吃好、晚餐吃少的原则。

4. 告诉孩子要睡好午觉

我们不要忽视午觉的作用。在午餐和晚餐中间，一般人都会觉得头昏脑涨，思路缓慢，好像也不太能集中精神，这是人正常的生理反应。愈来愈多的证据显示，在经过半天的活动之后，有一股力量会驱策我们休息一下。学习阶段的孩子更应重视午觉的作用，过度的用脑会对大脑发育有不利影响，也不利于下午的学习。

5.给孩子制订生活作息制度

给孩子制订一个生活作息制度,每天什么时间干什么,给孩子讲清楚,没有特殊情况不要变动。并且,要持之以恒。每天都坚持让孩子早睡早起。不能一到周末就玩至深夜,周日早上全家人都赖在床上不起来,这样很难使孩子养成良好的睡眠习惯。当然,养成好习惯不是一天两天的事情,需要我们用耐心引导,一定不能操之过急。相信时间长了,孩子会养成遵守作息制度的好习惯的。

懒点怎么了——如何根治家中的小懒虫

作为父母,我们都知道,任何时候,我们做任何事,勤奋是唯一可以获得成功的方法。爱迪生也曾说过:"成功中天分所占的比例不过只有1%,剩下的99%都是勤奋和汗水。"对于任何一个孩子来说,在未来社会,他们只有努力向上、埋头苦干,不屈服于任何困难,坚持不懈,才能造就优秀的人格。而勤奋的这种品格必须从小培养,从日常的生活和学习中培养。

勤奋的反义词是懒惰,而懒惰也是高效的天敌。懂得珍惜时间的孩子绝不懒散。我们不得不承认的是,越来越多的儿童身上有懒惰这一恶习,"懒"是很多家长对孩子的评价。当然,孩子懒散的原因是多方面的,但主要是因为现代社会家长对孩子的娇宠，在衣来伸手、饭来张口的家庭生活中，孩子缺乏劳动习惯而变得懒散，久而久之，他们动手能力差，做事缺乏毅力和耐力。而孩子作为社会的接班人，必须发挥先辈们艰苦奋斗的作风，不能让懒散成为成长的绊脚石。家长要帮孩子改正做事不肯钻研，怕苦、怕烦的坏习惯。

教育就是培养习惯，好的习惯成就好的性格，良好的行为习惯要从小培养。6岁是孩子行为习惯的养成期，若不想自己的孩子成为小懒虫，就要在这一时期有意识地让孩子勤奋起来。

一位母亲说："我可以用很懒散来形容儿子。他睡瘾很大，白天也爱睡，书看不到半小时，他就开始打瞌睡。想让他帮忙做点事，我还没开口，他先喊累，没有小孩子应当有的朝气。我认为他之所以懒散，是因为缺乏活力。于是，我先帮他采取'分段学习'法，学习半小时休息10分钟，背英语课文也一样，背两段休息一会儿。复习迎考时，我与他用问答方式整理资料，避免他一个人学习时打瞌睡。做完作业，我会赶他下楼和他踢足球、打羽毛球，使他保持活力。坚持的结果是：儿子在中考中取得了意想不到的好成绩，考上了重点高中。他尝到了甜头，情绪很高，对未来也信心十足。"

生活中懒散的孩子可不少，懒惰是孩子学习乃至生活中的天敌。懒散会导致孩子抗压力差，给以后的学习和生活带来很多困难。懒惰的孩子喜欢成天闲荡，听课精神不振，不做作业也不温习功课。

那么，父母应怎样帮孩子改变懒散行为呢？

1.培养孩子的自理能力

自理自立能力对孩子自我意识和独立人格形成有重要影响。不少孩子对家长都有很大的依赖性。如何让孩子克服这种依赖性呢?

(1)家长要根据不同的年龄阶段,不断地教会孩子生活的本领。要正确对待孩子学习中表现出来的"笨拙",对孩子的失败要有足够的耐心和宽容。

(2)凡是孩子力所能及的都尽可能让孩子自己去做,孩子应该自己管好自己的东西。家长要教给孩子一些应付意外的办法,如迷路时应向何人求援等。

(3)孩子面临不知如何处理的事情时,不要立即帮助他,应从旁观察出现困难的地方,然后鼓励他,提示他,从旁协助他自己解决,从而树立他的自信心。

2.培养孩子勤奋作风

懒惰是一种不良的行为习惯,也反映了一个人对生活、对学习的一种态度和观念。所以,家长要帮助这些孩子认识到勤奋是人不可缺少的美德。勤奋可以促进自己的学业,勤奋可以使人事业成功、生活幸福。勤奋的人比懒惰的人有更多的人生乐趣。

3.激发孩子学习兴趣

兴趣是勤奋的动力,一个人对某项事物产生了兴趣,便会积极主动地投入,消除怠惰。有位同学原来对课本学习不感兴趣,上课随便讲话,做小动作。班主任老师在一次家访中,发现了他爱饲养小动物。于是老师有意让他参加生物兴趣小组,并委托他饲养生物实验室的金鱼。由于他的兴趣得到合理引导，他不仅在课外活动中主动积极，而且生物课学习也表现得十分认真。

4.让孩子独立解决问题

依赖性是懒惰的附庸，而要克服依赖性，就得在多种场合提倡自己的事情自己做。家长不要做孩子的贴身丫鬟，面对懒散、抗压力差的孩子最好方法是不要为他们做得太多，安排好所有的事情其实是害了他。让他自己面对生活必须的事情，比如，独立地解一道数学题，独立准备一段演讲词，独立地与别人打交道等。

5.不回避挫折

生活是最好的老师，逆境中学到的东西往往比顺境时多，您帮孩子回避挫折，就让孩子失去了学习的机会，他将来要花更大的代价去补习。

6.鼓励孩子去做，逐步克服懒散的行为习惯

鼓励孩子学会处理自己的事情，当遇到挫折时，告诉他"无论发生什么事，我都会在你身边"。比如：

（1）多用三个字的"好话"：好可爱！好极了！好主意！好多了！真好呀！做得好！非常好！恭喜你！了不起！很不错！太棒了！

（2）多用四字的"好话"：太奇妙了！真是杰作！那就对了！多美妙啊！我好爱你！继续保持！你很能干！做得漂亮！

（3）多用五字的"好话"：做得好极了！继续试试看！真

令人惊讶！真令人感激！真的谢谢你！你办得到的！你帮得很对！你真的可爱！你走对路了！

7.加强体育锻炼，让孩子保持情绪上和体力上的活力，克服懒散习惯

有些孩子学习懒惰是因为身体虚弱或疾病，容易疲乏，学习难以投入。应鼓励他们多多参加体育活动，改善营养或积极治疗，以增强体质，增强生命的活力。

总的来说，家庭作为具有血缘关系的社会群体，以其先入为主的重要性、多维性、家庭群体中交往接触的密切性，成为孩子接受教育的第一所学校，成为他们接触其他现实影响的过滤器。良好的家庭与家庭教育将为个人成才提供有利的基础。家长要明白，懒惰的原因是多种多样的，家长要根据不同的起因灵活采用不同的纠正方法。另外，懒惰是一种不良的行为习惯，"冰冻三尺，非一日之寒"，所以，孩子的懒惰行为不是一朝一夕就能改变的，家长要鼓励孩子持之以恒，这样才能改正懒惰的行为，为孩子适应未来激烈的社会竞争做准备！

学习太累、休息时间不足——固定时间学习、固定时间娱乐

生活中，我们父母经常听到孩子抱怨学习太累、休息时间不足、多想无忧无虑地玩耍，而我们也纳闷，除了学习什么都不让

孩子做，怎么会累呢？其实，这是因为孩子不懂时间管理，没有合理规划好自己的学习和娱乐以及休息生活。并且，孩子心理负担重，就容易注意力不集中，学习效率下降。为此，父母必须要明白，只有解除孩子心理负担，轻装上阵，学习和考试才能达到理想的效果。父母一定要让孩子学会劳逸结合，懂得放松自己。

从三年级下半学期开始，芳芳觉得自己很累，好像永远有做不完的作业，似乎永远有看不完的书，就连她最喜欢的电视剧，也没有时间看了。紧张的学习压力让她喘不过气来。

爸爸是个细心的人，他看出来女儿的变化，于是，他和妻子商量，带女儿出去玩一天。

在一个周末，芳芳一家三口一起去爬山，爬到山顶的时候，爸爸对芳芳说："当心理状态不佳时，你可以暂时停止学习，放松一下。有一些小窍门会起到立竿见影的效果，如深呼吸、绷紧肌肉然后放松，回忆美好的经历，想象大自然美景等。另外，平时学习的时候，也不能太努力了，一定要注意劳逸结合，学习之余可以去上网、爬山、聊天、听广播、看电视甚至蒙头大睡。这样既可以暂时转移注意力，也可以缓解大脑的缺氧状态，提高记忆力。这些方法都可以释放内心的压力。记住，劳逸结合，学会放松才能学习得更好。"

"谢谢爸爸，我知道该怎么做了。"

作为父母，尽管我们知道学习对于孩子的重要性，但不可一味地为孩子加压。压力越大，孩子越容易产生心理负担，反而适得其反。那么,我们如何教会孩子合理规划时间,做到学习娱乐两不误呢?

以下是几点给我们父母的建议:

1.告诉孩子要劳逸结合

孩子学习努力是好事,但不能太过疲劳。你应该告诉孩子:首先要保证睡眠,晚上不开夜车。如果睡眠不足,要抽出时间补回来。另外,要适当参加运动。若时间允许,可在平时唱唱歌、跳跳舞或者参加一些集体娱乐活动。在看书做作业中间,做做深呼吸、向远处眺望等。

2.与孩子制订学习作息表,告诉孩子该学习的时候学习,该玩的时候玩

一位孩子说:"'该学习的时候学习,该玩的时候玩!'母亲嘴中也总是挂着这句话。是的,该学习的时候学习:我和妈妈做了一个作息表,周一至周五的主要任务毫无疑问是学习,一直到周六下午,除了完成老师布置的作业再加上课外的

练习。该玩的时候玩：每个周日，妈妈都会带我出去玩，在玩的过程中也能学到东西。"

3.没必要补课

那些成绩好的孩子都坚持一个观点——没有必要补课。的确，学习讲究的是方式、方法，打疲劳战术是最不可取的，尤其是对于中小学来说，根本没必要将所有时间都投入到学习中，只要课上认真听讲，多和同学交流，把错误的题及时弄会，是很容易学好知识的。

4.留出一些机动时间

不少父母认为，忙碌的一天才是充实的一天，为此，他们会将自己一天的时间安排得满满的，但一遇到突发事件，就手忙脚乱了。其实，我们应该告诉孩子，要学会合理规划时间，留出一些时间处理突发情况；而即使没有出现这些突发事件，也能给自己一个放松和休息的机会。

5.带孩子出去走走，回归自然

父母不妨多抽出一点时间，陪着孩子多出去走走，让孩子感受一下自然的伟大和神奇，尤其是那些山清水秀的地方，更是释放心理压力的好去处。在神奇的自然面前，所有的烦恼都会烟消云散。

6.体力排放法

体力排放，也就是人们常说的运动法排放压力。这里的运动，包括很多种，可以是力量型的运动，如长跑、打球、健身等，也可以是智力型的运动，包括下棋、绘画、钓鱼等。从事你喜欢的活动时，不平衡的心理自然逐渐能得到平衡。

7.鼓励孩子与人交往，走出狭小的生活圈子

生活中，人们都有压力，也有一些独自减压的方法。但通常，人们会选择与人交往的方法。因为当你融入人群的时候，你会有种感觉：大家都跟我一样有压力，就看谁能够调节过来。当你认为你跟大家都一样的时候，你的压力马上就会减轻。

8.对于年龄较小的孩子，要注意方法，最好能寓教于乐

生活中，有一些父母，在孩子很小的时候，就想让孩子识字，但他们却不讲教育方法，仅仅在纸上写几个字，让孩子照葫芦画瓢，进行模仿。这样教育，孩子毫无兴趣，自然也学不好。而父母便认为孩子在偷懒，往往采取惩罚的手段。这样的教育方法，只会让父母累，孩子苦，但收效甚微。这种教育方法还会造成孩子的逆反心理，在将来上了学后，也会对学习发怵，甚至出现逃学的行为。

对孩子进行早期教育，我们一定要重视方法，最好能寓教于乐。因为对于婴幼儿阶段的孩子来说，本身他们大部分的时间都在玩中度过。因此，当你的孩子开始在草地上摸爬滚打的时候，千万不要喝止孩子，这是引导孩子掌握平衡和灵活性的最佳时期。如果你的孩子大一点了，你可以放手让他和同龄孩子参加游戏。

这样，在玩乐中，孩子的智力、想象力、创造力、与人交往的能力等都得到了锻炼，这些都是将来接触社会时必须掌握的。

因此，我们可以说，让孩子在婴幼儿时期有充分的玩的机会，对于孩子的智力和非智力因素的发展都是极为重要的，同时，也能避免孩子出现某些身心上的障碍。

总之，父母要明白，孩子的学习单纯靠挤时间是没用的，

你必须记住世界上有比时间更重要的东西：效率。因此，我们一定在告诫孩子努力学习的同时，帮助他们学会如何充分利用时间，并且做到该学习的时候学习，该娱乐的时候娱乐，这样才能做到学习娱乐两不误。

第 04 章

做好规划，让孩子遵守时间计划表能防止时间浪费

　　每个人每天只有24小时，我们的孩子也不例外。我们都希望孩子能充分利用这24小时，从这一点出发，我们不但要告诉孩子懂得珍惜时间，更要帮助孩子学会有效地安排、分配和利用时间，要懂得按照计划来安排学习和生活，优化孩子的时间观念，防止时间浪费。

总是手忙脚乱——帮助孩子做好日程安排

每个人的时间都是一种有限的资源,时间就是金钱,时间就是生命,不仅大人抓紧时间工作和生活,我们的孩子也在争分夺秒地学习。为了让孩子努力学习,我们总是要求孩子不断地与时间赛跑,高度紧张的神经让孩子感到疲乏,甚至身心俱疲,但孩子的学习效率却并不高。而我们不妨反问一下自己,难道真的不能让孩子的脚步放慢一点吗?事实上,我们的孩子之所以忙乱,是因为他们不懂得合理安排时间,做事效率低下。如果我们能引导孩子在做事之前先静下心来,理清思绪,合理安排,那么,事情往往会达到事半功倍的效果。事实上,任何一位效率专家都提议,要合理安排时间,就不能把日程安排得太局促。

不知道从什么时候起,小伟就再也没有娱乐时间了。好不容易熬到了周末,他的爸爸妈妈又为他报了书法培训班、英语口语班还有绘画班。周六上午他要去学书法,周日下午学画画,晚上练口语,还要做老师布置的课下作业,时间被排得满满的。

每当周末去培训班的路上,小伟看到同龄的孩子在自由玩耍的时候就特别羡慕。他多想和爸爸说他不喜欢那些培训班,但是看到爸爸陪他时的辛苦,又难以开口。他觉得很压抑,生活得很不开心,这些培训班已经影响了他的正常学习。

对于很多孩子的家长来说,为了不让孩子在学习上掉队,他们会选择给孩子"开小灶"——报各种特色班。也有一些父母，抱着跟风的心理，担心孩子在普通班觉得"低人一等"，只得给孩子报了一个计算机特色班。

当今社会，孩子在学习上的竞争完全不输成人之间的角逐。为了让孩子能提升学习成绩，能成为优秀者，很多父母总是秉持不输在起跑线上的原则，当孩子还处于儿童时期时，就将儿童每天的行程安排得满满当当。当孩子还没学完这个，又让他学那个。孩子总感觉手忙脚乱，学习效力也很低。其实，提升孩子时间管理能力和学习效率的关键是为孩子合理安排时间，让孩子的学习和生活有节奏感。

可见，在提升孩子的时间管理能力中，如何做好日程安排是重要的一环，如果我们为孩子的时间安排得过满的话，会让孩子因为无法完成而产生心理压力，进而产生逃避心理和拖拉行为。所以，要让孩子很好地管理自己的时间，就要合理安排他的时间表，不要安排得太满。

效率专家建议，任何人每天都至少要为自己安排一个小时的空闲时间。例如，今天家里要来一位客人，需要孩子接待，那么，你可以让孩子在接待完客人之后给自己留出一段空白时间，或者也可以为自己安排出足够的时间检查检查家庭作业，要告诉他尽量把那些必须完成的工作提前完成，这样在被打断的时候，他就不会过于焦虑或者烦躁了。

如果孩子在设定日程安排的时候过于僵硬，他就会感觉自己好像在被时间牵着鼻子走，觉得自己的整个生活都在被时钟控制，变得毫无生趣。相比之下，如果能够在安排日程的时候为自己留出一些自由时间，他就会感觉自己对生活有了更多的控制，每天的学习和生活也就会感觉更加顺畅。

当然，让孩子留出机动时间来应付突发状况，决不能成为孩子拖延、懒惰的理由。我们依然要求孩子需要做到每日计划，坚持执行和完成计划。只有这样，我们才能保证孩子时间的充分和有效利用！

总之，在帮助孩子做好时间规划这一问题上，我们只要帮助孩子合理安排时间，大可以让孩子不慌不乱，甚至让其有一些充裕的时间享受生活。

东西又找不到了——教会孩子做事有计划，有条理

当今社会，生活节奏日趋加快，只有条理性、计划性地安

排生活、学习和工作，才能将生活安排得有条不紊。对于孩子来说，条理性、计划性地做事，对提升时间管理能力也十分重要。然而生活中很多父母对此并没有引起重视，只是对孩子的事大包大揽，为孩子安排好一切。这样怎能锻炼孩子做事的计划性呢？

5岁的玲玲总是丢三落四，这不，她又在喊了："妈妈，我的芭比娃娃放哪儿了？您快帮我找找！"过了一会儿，妈妈又听见玲玲在自言自语："我的拼图呢？"妈妈心想，玲玲都快5岁了，还总是这样，做事情时一点儿条理都没有，以后可怎么办呢？

生活中这样的情况并不少见，常有爸爸妈妈们抱怨孩子经常把东西扔得到处都是，永远也找不到自己想要找的东西。其实，这可能是父母们在最合适的时期，没有及时训练及培养孩子做事有条理的好习惯。那么，为什么孩子做事没有条理呢？

对于四五岁的孩子来说，其神经系统发育还不完善，自我控制的能力较差，常常一件事没做完就又想着另一件事了，做事情不能善始善终，显得没有条理。

孩子做事没有条理，不仅与家长的教育方式有关，而且和家长自身的行为也有直接关系。有的家长打开衣柜，总是找不着要换的衣服，有的家长把看完的报纸随手一丢。久而久之，家长的行为就会给孩子带来不良的影响，不利于培养他做事有条理的好习惯。

要培养孩子做事有条理的良好习惯，家长应该怎么做呢？

1.父母以身作则

正如上面所说的,父母不良的习惯对孩子很容易产生坏的影响。俗话说:喊破嗓子,不如做出样子。父母要言传身教,以身作则,做任何事情都要表现出一种强烈的责任感,以认真负责对待工作的态度影响孩子,如在家做事时主动勤快,有条理,脏衣服不乱塞乱放,换下来就洗,上班前总是将房间收拾整齐等,为孩子树立良好的榜样。

培养孩子做事有条理是一个漫长的过程,只要父母坚持要求,反复强化,不断激励并加以督促引导,就能使孩子养成做事有条理的好习惯。

2.建立合理的作息制度

有规律的生活是培养孩子做事有条理的重要前提。父母应根据孩子的年龄特点和家庭条件,把每天起床、睡觉、做游戏、看动画片、学习及家务劳动的时间都固定下来。教孩子做事时,一定要交代清楚什么时间去做什么事情,怎样才能做好这件事,应注意些什么问题。做到要求明确,检查及时。

3.培养孩子做事有条理的习惯

父母应该随时留心观察孩子,看看他做事是否有秩序,是否知道先做什么,然后再做什么。通过观察,如果发现孩子这方面能力差,应立即给他指出来,并告诉他无论做什么事都要按步骤完成,做完一件事再做另一件事。如果有许多事情要做,必须先安排好顺序。如星期天,父母给孩子提出哪几件事是必须要做的,然后让孩子自己安排可以让他将要做的事及先后顺序表示出来。一次次地强化，久而久之就会养成做事有条理的习惯。对于年纪尚小的孩子，可以从吃饭、穿衣这些小事开始。

比如，把为孩子穿衣、脱衣的全过程用照片的形式记录下来，贴在醒目的地方；还可以将穿衣、脱衣的顺序编成朗朗上口的儿歌，录到复读机中，等到孩子做角色游戏时，可边听儿歌，边根据照片的步骤，一步一步帮助小娃娃穿衣、脱衣。如此，家长不仅在游戏中教会了孩子穿衣、脱衣的方法，培养了他做事的条理性，而且还让他在自由的环境中获得了成功的体验。

4.对经常丢三落四的孩子进行必要的惩罚

对于做事常常丢三落四的孩子，小小的惩罚也是必要的。

囡囡去上绘画课，到了教室才发现，忘带橡皮了。其实，妈妈早就发现囡囡没有带橡皮，故意没有告诉她，想给她一个教训，让她以后注意。

5.让孩子自己的事情自己做

其实，一些孩子本来是细心的，是很多家长长期为孩子包办生活，导致了孩子自主做事能力的弱化。为了培养孩子做事有条理的好习惯，家长应学会放手，鼓励他自己的事情自己做，家长只给予必要的方法上的指导就可以了。家长要告诉孩子，无论做什么事都要按步骤完成，做好一件事后再去做另一件事，如果一天中有许多事情要做，就要安排好它们的顺序，先干什么，后干什么。家长可以利用双休日的时间，和孩子一起制订这一天的活动安排，提醒、督促他按计划完成。开始时，孩子可能丢三落四、虎头蛇尾，家长不要批评他。只要家长不断地要求孩子,同时加以引导和鼓励,就一定能够收到好的效果。

由于孩子身心发展的特点,做事难免会丢三落四,家长不必为此发愁。但父母要对此进行引导,培养孩子的秩序感是一个循序渐进的过程,需要家长坚持与耐心,需要父母从各个方面下功夫。毕竟,悉心教育的孩子,才能拥有出众的品质和能力!

做足课前准备,听课效率更高——督促孩子做好课前预习

我们都知道,在中国的中小学,教师上课的一大特色:满堂灌,即老师在讲台上滔滔不绝地讲,学生在台下无精打采地听。对于这样的学习方式,一些孩子经常感到学习很吃力,无法消化课堂知识。为了理解课堂知识,不少学生只能课后"开小灶"。而也有一些学生,却能跟上老师的步伐,这是因为他们做足了课前准备的工作——预习。因此,不少老师建议学生和家长,一定要重视课前预习。孩子做好预习就能在听课时做到有的放矢,听课效率自然高得多,能节约很多时间。

的确,课前预习就像作战时的侦查工作,哪是明碉,哪是暗堡,哪是最坚固的地方,哪是薄弱环节等都能通过预习了解。

课前准备对于学习的裨益是多方面的。

第一，独立的课前准备能促使孩子阅读和思考新知识，从而加快阅读速度，也有助于提升孩子的分析综合、归纳演绎、判断和推理等能力。

第二，课前准备能帮助孩子发现知识上的不足，从而做到查缺补漏。

而最为重要的是，课前准备能提高孩子听课的效果。孩子带着不懂的问题听课，目的明确，态度积极，针对性强，注意力容易集中，并能随时作出积极的反应。预习后，不仅上课容易跟上老师的思路，而且在老师讲到自己已经懂得的那部分知识时，还可以把自己的思路和老师的思路进行比较，以取长补短，提高思维能力。

因此，对于一些学习习惯不好的孩子来说，家长要经常督促他们做好课前预习，预习工作到位，孩子的学习能事半功倍。

小凯学习成绩好的一个制胜法宝就是：预习和复习工作做

得很到位。他很注重复习，每天放学回家后，他都会花一点时间，将课堂知识重新巩固一遍，对于那些没有弄懂的知识，他会寻求爸妈的帮助。而同时，他也很注重预习。正因为如此，他在上课的时候，似乎老师要讲什么，他都知道。这天课间时间，同学们凑在一起聊天。

"我爸和我妈似乎一天都很忙，我放学回家，他们只会叮嘱我要好好学习，而从来不会花多少心思在我的学习上，更别说辅导我预习功课了。"一个同学这样谈到自己的父母。

"我爸妈倒不是，他们对我是盯得太紧了，我一回家，他们就会问我当天学了什么，从小学到初中这些年都是这样，这倒是一个很好的回顾、复习课堂内容的好办法，但回答完以后，我哪里还有多少时间去预习新课程？所以，我经常会觉得老师上课的内容很陌生……"

这时候，班主任也走过来加入学生们的谈话："我认为各个层次的学生都需要预习。对成绩好的同学来说，预习工作可以帮你跳出课堂，跳出学科，拓宽视野。而对学困生来说预习更重要，否则讲课时往往会被老师牵着鼻子走，没有一点自己的主动性，听课很累。而预习之后，假如这堂课上的三个知识点，他能提前弄明白一个甚至两个，那么就能较快进入课堂，听讲中也有侧重点和针对性。"

"是啊，预习和复习在学习过程中都很重要，一样都不能落下啊……"

的确，可能很多孩子会认为，复习在学习过程中很重要，而其实，课前准备也同样重要。当然，前提是孩子必须要掌握科学的预习方法。如果预习不得法，有时反而会适得其反。有时候，在准备的过程中，他们原本只是抓住了一点皮毛，反倒认为自己都听懂了，上课就不注意听讲，这样就把知识的来龙去脉等重点错过了，显然是捡了芝麻丢了西瓜。

所谓预习，就是意味着在认真投入学习之前，先把要学习的内容快速浏览一遍，了解学习的大致内容及结构，以便能及时理解和消化学习内容。当然，预习要注意轻重详略，在不太重要的地方可以花少点时间，在重要的地方，可以稍微放慢学习进程。为此，我们需要督促孩子掌握以下两种课前准备的方法：

方法一：根据老师的上课方式预习。

在帮助孩子制订预习方式时，最好先让孩子想想老师的上课方式是怎么样的，或索性直接去问一下老师，孩子要怎么样预习。因为预习的目的是课堂能听得更好，而课堂计划是由老师来制订的，所以孩子的预习也要与课堂配套起来。

方法二：与习题配套预习，以便帮助查缺补漏。

你可以帮孩子购买一本与课本配套的练习册，买练习本时特别注意，别买参考答案只有一个数字的那种，而要选择有详细解答过程的，这样有助于孩子理顺思路，做错了也能弄明白为什么错，对于不懂的地方就要做出标记。

学过就忘——帮助孩子根据自身情况，制订合理的复习计划

古人云："凡事预则立，不预则废。"无论是工作还是学习，计划都十分重要。好的计划等于成功的一半，对于孩子来说，学习也要有计划，其中就包括复习。不少父母感叹，孩子学习能力很强，但就是记不住，需要不断去重复学习，白白耽误了时间，其实这是因为你的孩子没有掌握好的复习方法。的确，孩子只有复习方法到位，才能获得好的学习成绩，你若想孩子考出好成绩，也需要重视复习计划。恰当的复习计划，有助于统筹兼顾地安排好各科的复习。目标明确的复习，会大大提高记忆和学习的效率。

一些儿童可能会认为：老师不是在课堂上为我们安排好了复习计划吗？只要跟着老师的步子走就没有问题，又何必再费劲呢？这种想法是不对的，因为老师安排的复习计划是针对群体而言的，并不一定适合每个孩子，所以，我们应该引导儿童针对自己的情况，再制订一个适合自己的复习计划。这样两方面相互照应、配合，才会取得最佳的学习效果。

下面，我们来听听这位小学"学霸"的复习心得：

他说，对于自己的复习效果，我们可以制作一套表格，在表格里分别填入A、B、C。比如，字母"A"可以代表"复习效果良好"，"B"就代表"复习效果一般"，而"C"就代表"复习效果不理想"，后期的复习中，对标A的内容就没必要

再费很多的时间和精力去复习，而标B的内容就要在做题过程中多加注意，标C的内容则需要花大力气去复习。

另外，他提醒其他学生，在制订适合自身的复习计划时，要注意要达到考试要求的考查程度。在各个时间段结束之后，有必要根据复习情况填写实施效果栏，并把在该部分复习时总结的易错题目类型填入相应表格中，以便在最后的复习阶段更有针对性。

如果是复习效果没有达到预期的知识，一定要在补救措施栏填好再复习计划，并在备考提示的重要事项备忘栏中进行备注，方便检查落实情况，真正做到不留考点死角。

从这里，我们可以看到在制订复习计划时的一定要注重复习效果，并记录在案，这一点很值得很多孩子学习。

可能一些父母会再次发出疑问，到底什么样的计划才是真正适合自己的呢？其实，只要你在帮助孩子制订计划时让孩子多注意以下几点即可：

1.弹性安排，注意时间分配

可能一些学生认为，升学考试是决定自己一生命运的关键，因此，在制订学习计划时一定要把时间安排得紧凑，这样，才能让自己拼命学。实际上，这种复习计划是不合理的。

的确，我们每个人的精力都是有限的。小学学习没有中学压力大，更没有必要超负荷运转。在制订计划时，一定要把体育锻炼、看电视等运动、娱乐的时间适当留出一些。一天的活动要富于变化，各有固定的时间和步骤，健康、有规律的生活,才是有效学习的基础。

另外,制订计划时,你还要考虑很多因素,比如现在的学习情况、家庭环境、体质、最佳用脑时间、各科的难度特点等。

2.个人计划应该与老师给出的计划相协调

个人计划不能与老师的计划相冲突,而应与其协调起来,作为其有益的补充,这样既抓住了复习的主体又照顾到了自己。

3.合理安排各科复习时间

根据自己对每门课的掌握情况,应合理分配各科复习所需要的时间,弱项多分配一些时间。另外,从制订计划开始到考前,对相应科目的复习遍数,以及每遍所采取的复习方式和所应达到的程度,最好都有明确的规定。

4.复习时间的安排要细化

以一周为单位,除上课外,有多少时间可用于自己复习?把这些时间以1小时或1.5小时为单位划分成时间段,根据不同的时间段,安排相应的复习内容。目标分配得越精细、越明确,越有利于提高复习的效果。

总之,我们需要让孩子明白的是,制订复习计划不是目的,只是学习的一种打算,一种安排,借此来循序渐进地获取和记住知识。因此,复习并不是越详尽、时间安排越近,就越有助于提高学习成绩,只有合理的、适合自己的复习计划,才是最有效的。

在固定的时间学习——培养孩子固定的学习习惯，避免时间的浪费

我们都知道，对于学龄期的儿童来说，学习是最重要的事，而培养孩子的时间意识和时间管理能力，也有利于提升孩子的学习效率。要提升效率，首先就要制订学习计划、培养良好的学习习惯。按照科学的学习计划行事，可以使孩子的学习生活节奏分明，一旦形成了条件反射，孩子就能做到该学习时安心学习，该锻炼时就自觉去锻炼。所有这些都成了自觉行动，日久天长，孩子的良好学习习惯就形成了。

这里，我们需要说明的是，一旦形成了良好的学习习惯，孩子就能较好地控制时间，在固定的时间学习固定的科目，从而减少时间的浪费，提高学习效率。由于计划的科学性，计划里要办的事，应当说都是有益的。一个有计划的孩子知道他如果多玩一小时，多聊一个小时将会使计划的哪项任务完不成，而这项任务没完成又将会给整个学习带来什么影响。有了计划，每一步干什么都明确，不用白费时间去想下一步干什么，也不用为决定下一步干什么而游移不定。

某小学一位学习优异的尖子生在谈到自己的学习秘诀时说："我不比别人聪明，也不比别人多用功，只是找到了适合自己的学习方法而已。"他觉得对于学习来说，计划是最重要的，而且越细越好。他会每天都安排好自己的学习，到了考试前夕，这个计划甚至会具体到每天几点到几点干什么。在学习

的过程中,他也非常会调整自己,虽然经历过很多挫折,但他有着越挫越勇的心态。由于有着良好的基础,他形成了缜密的思维习惯,哪怕是一道题的解题速度和步骤,他也是经过了思考来掂量分配。

另外一位尖子生说:"我觉得自己没有什么特别的,不是特别聪明,也算不上特别刻苦。我成功的秘诀就是:按照老师的进度,把时间妥善安排好,按规律学习。

"我在备考方面的经验就是,学习时间的安排不宜太长,也不宜规定得太细,因为在执行过程中很可能因为老师一个突然的要求就会打乱安排。我当时对一周内每一天做什么,给出一个大致的时间分配。比如,这一周数学方面要做几道二次函数的题;语文方面,要看若干篇现代文;英语方面,要做几份试卷等。"

从两位成绩优异的孩子所分享的学习经验中,我们家长应该有所启示。你的孩子要想学习效率高,也要尽量做到控制时间,逐渐形成固定的学习规律。

那么，固定的学习规律包括哪些方面呢？

1.固定的生物钟

也就是说，什么时间该学习，什么时间休息，要遵循一定的规律，只有做到劳逸结合，才能高效地学习。倘若孩子今天挑灯夜战，那么，第二天，他肯定无精打采，甚至，他的整个生物钟都会被打乱，并且恶性循环下去。

2.根据孩子的生活习惯和时间安排孩子的学习，让孩子高效地学习

每个人的机体存在差异，这是毋庸置疑的，他们在生活习惯上有所不同，比如，有些孩子喜欢在晚饭前学习，而有些孩子在睡前的某段时间能发挥记忆的最好效果。对此，父母都要留意，帮助孩子以最快的时间进入学习状态，提高学习效率。

3.到什么时间学习什么内容，做什么事

人的思维活动遵循一定的规律。我们可以引导孩子把每天的时间划分为几个部分，什么时间工作，什么时间学习，学习的时间还要具体细分到不同的学习内容，然后都做个详细的规划。这样，形成一种习惯后，他就能在该段时间内、在该门功课上获得最好的学习效率。

总之，形成固定的学习规律，是执行学习计划的重要表现，也是帮助孩子提高学习效率的重要方法。

第05章
严于律己,时间管理离不开孩子的自律

生活中,我们常常提到"自律"一词。自律,就是自制力,自制力就是人们为了适应环境、与人合作、维持关系,进而更好地生活而进化出来的人脑功能。无论做任何事,我们都需要自制力,对于成长期的儿童来说,高度自制的孩子,能做到严于律己,这样的孩子拥有超强的时间管理能力。因此,父母要从小就对孩子进行自制力教育,教孩子学会自我控制,让孩子成为理智且自律的好孩子。

反正妈妈会做好——包办代替,让孩子时间管理能力差

现代社会,"懒散""磨蹭"似乎是很多父母对孩子的共同评价,而孩子们懒的最大的表现就是时间观念比较差,而最大的原因来自父母的包办。当你问他为什么不动手时,他会说:"反正妈妈会做好"。的确,很多父母是这样做的:

(1)早上快要迟到了,可孩子却慢吞吞,受不了了,赶快帮他穿衣穿鞋。

(2)看他吃饭慢吞吞的,天又冷,算了,喂他吧。

(3)孩子说要自己洗澡,就怕他洗不干净,大了再说吧,还是我帮他洗。

(4)自己生病了,本来让孩子泡个面不难,可营养不够啊,还是坚持给孩子做饭吧。

(5)上学的书包可真重,现在是长高的时候,帮孩子拿不为过吧。

(6)画画后桌面一片狼藉,可睡觉的时间又到了,算了,我来收拾吧。

(7)要出去旅行了,小家伙怎么懂收拾行李,肯定是我来帮忙的。

这些现象在生活中随处可见,家长担任了孩子的保护伞这一职,可他们似乎没有注意到,当孩子的生活和学习被老师和

家长安排得妥妥当当时,孩子渐渐养成了凡事拖拉的习惯。长此以往,他们会形成一种依赖心理,这对于孩子的成长是极为不利的。

现代社会中,很多孩子出生于独生子女家庭,父母的包办和安排让孩子不会合理安排自己的时间。很多家长常常会面临这样的情况:孩子写作业时,写着写着没了耐心,或者嫌太难,不想做了,一点毅力和耐心都没有。父母都有"望子成龙""望女成凤"之心,都希望孩子能有一个很好的未来,但这一愿望的实现,是要父母充分挖掘孩子的潜能和智慧,会统筹规划自己时间的孩子更能事半功倍地学习和生活。事实上,那些有着较好的生活、学习习惯的孩子,都拥有能够放手让孩子学会统筹规划,且为孩子树立良好的榜样作用的父母。

孩子一旦懂得管理时间,就能高效地学习,并能养成好的做事习惯,从而受益终身。父母给予孩子主动支配时间的权利、放手让孩子自己去做,对孩子的时间意识和时间管理能力的培养大有裨益。

那么,父母该怎么样培养孩子掌握时间管理的能力呢?

1.从生活中入手,培养孩子的时间意识

培养良好的时间意识,可以让孩子从生活节律着手。比如,可以在日常生活中,让孩子通过睡觉、吃饭等活动,利用生物性节奏,培养良好的生活节律。如可以为孩子制订一份家庭作息表,纠正孩子不守时的毛病,如早晨6点半起床,7点半准时出门,晚上8点前上床睡觉,保证自己晚上有10个小时的睡眠时间并持之以恒,逐渐培养一种守时惜时的习惯。

2.教会孩子自己统筹安排

会统筹安排,才能在同样的时间内做更多的事情,提高时间的利用率。

媛媛与菲菲是二年级的同班同学,又是好朋友。一次轮到两人值日时,媛媛与菲菲比赛谁办事情的效率高。她们每人打扫一半教室,每人擦一半黑板。

比赛开始了,媛媛首先去打水,把水洒到自己要扫的一半教室里,然后在等待水干些的同时,去擦属于自己的那一半黑板。而此时的菲菲,急忙去擦黑板,擦完黑板后急忙去打水。这时的媛媛已经把黑板擦完了,而教室的地也刚好能扫了,就动手扫了起来。

菲菲把水洒在地上,却不能立即扫,她只有眼睁睁着看着媛媛把地扫完,而自己还没有动笤帚呢。菲菲此时才理解媛媛先洒水的用意,这样可以节省时间啊,她不禁暗暗对媛媛表示佩服。

孩子做事情大多都是一件事情完成后再去做另外一件事情,父母要教孩子学会同时做几件事情,根据事件的特点与需要的时间学会统筹安排,这样能够节约时间。

3.让孩子学会分出事情的轻重缓急

父母可以帮助孩子把复杂的工作分解一下,再制订一个时间进度表。就拿写作业来说,父母可以试着让孩子调整写作业的顺序,一般先做简单的,再做有难度的。因为人的最佳学习状态应该是在学习的十分钟以后，口头作业和书面作业交替做，这样不会太乏味。

父母教会孩子把事情的轻重缓急分出来，让孩子在第一时间把那些必须且紧急的事情做完，再去做别的事情。这样合理利用时间，有利于提高效率。

父母每天让孩子把一天的任务写下来，分出哪些是紧急要做的，哪些是次要的，哪些是必须要做的，哪些是可做可不做的等，进行一个先后排列，然后让孩子根据排列的先后顺序去做事，就会提高孩子的时间管理能力。

4.帮孩子养成科学的作息规律

科学的作息规律，不仅有利于休息，还能提高做事的效率。父母根据孩子的特点，帮孩子制订一个适合的科学作息规律，不仅保证了孩子的睡眠，还能避免孩子在课堂上打盹，从而提高时间的利用率，加强孩子的时间管理能力。

总之，"一寸光阴一寸金，寸金难买寸光阴"，让孩子从小培养自己的时间意识,懂得珍惜时间,学会管理时间,成为时间的真正主人,对孩子的成长可谓大有益处。

我要克制自己——培养孩子强大的自制力

生活中,我们经常听到有些家长抱怨自己的孩子不能控制自己:上课时不是做小动作,就是窃窃私语;一回到家就看电视,一写作业就坐立不安;课外作业马虎了事,甚至时常打折扣;喜欢吃零食,乱花零花钱……说到底,孩子缺乏自我控制能力。其实,孩子的自制力与我们所要阐述的提升孩子的时间管理能力有着密切的关系,高度自制的孩子往往更能克服自己的玩心认真学习。事实上,很多时候,我们发现,孩子的良好习惯是连贯的,孩子自制力提升了,专注力也就有了。不过,孩子自我控制能力的形成有一个过程,那就是从"他制"到"自制"。孩子养成了一定的自制力,对于他们以后的成长和发展有极其重要的积极作用。

美国心理学家沃尔特·米歇尔曾做过这样一项实验。

这天,他在一所幼儿园的某个班级中,将班上的四岁孩子全部挑出来,然后,给了他们每人一块糖,并告诉这些孩子,他因为临时有事,大概二十分钟后才会回来,如果谁能在20分钟内不吃这块糖,那么,等他回来后,这个孩子就能获得第二块糖,如果吃掉了就没有了。

20分钟后，和沃尔特·米歇尔所预料的一样，一些孩子因为嘴馋而吃掉了糖果，而也有一些孩子坚持了20分钟，他们也如愿获得了第二块糖。沃尔特·米歇尔记下了参加实验的孩子的名字，并对他们做了长期的追踪调查。

等到他们高中毕业后，米歇尔发现，原先那些坚持了20多分钟的孩子有这样一些更为优秀的表现：他们更为认真专注、更为自信，也更积极乐观和独立，面对挫折和困难，他们能更好地应对；而那些曾经因为嘴馋而吃了第一块糖的孩子则表现得自卑胆怯、脾气急躁、嫉妒心强，而在学习成绩上，他们也表现出了显著的差异，前一种孩子的学习成绩远远要好于后一种孩子的成绩！

这个实验的最终结果表明，孩子的自控能力，在一定程度上决定了他人生的未来。那么，作为父母，我们该如何帮助孩子提升自制力呢？

1.培养孩子多看书、多思考的习惯

读书和思考是培养孩子安静的性格和强大的自制力的必备方法。不过，让孩子爱上读书并不是一两个月就可以做到的，这需要长时间的培养和熏陶。父母也要在平时多阅读，培养全家安静读书的氛围。

2.制订目标，循序渐进，不可操之过急

孩子的自制力的形成是一个循序渐进的过程，不是一蹴而就的，也不是孩子下了决心就能获得的。

拿学习来说，在教育孩子好好学习的过程中，他如果决定从明天起好好学习，要每天学习10个小时以上，那么，他很可能因为没有达到目标而气馁。而如果你先给他定一个较为合理的目标，比如，他可以在第一周每天学习1个小时，少玩15分钟。倘若做到这一点的话，第二周每天学习1个半小时，少玩20分钟。再做到这一点的话，就可以每天学习2个小时，少玩30分钟。慢慢地，他便会发现，自觉地学习已经成为了一种习惯，而自制力也自然而然地形成了。任何坏习惯的改变或好习惯的形成都可以采取这个方法。

3.父母需要以身作则

如果你是一个自制力差的家长，你又怎么能奢望你的孩子自制力强呢？因此，你必须重视言传身教的作用，在举止、谈吐和生活习惯方面都为孩子做出一个好榜样。

另外，我们需要注意的是，自制力也和我们的身体一样，也是有极限的。事实上，那些冠军运动员、获得非凡成功的生意人以及获得诺贝尔奖的科学家，他们都知道这个道理，他们也不会对自己太过苛刻，也允许自己偶尔偷偷懒，允许自己犯错误。虽然他们在为一些远大的目标而奋斗，但是他们也能够容忍不能达成这些目标时的挫折和失望。他们知道自己能够继续努力、改善工作。同样，我们训练孩子的自制力，也不可太过苛刻，否则，孩子做不到时会丧失自信心。给孩子一定的弹性空间，才能让孩子学会调整自我，迎难而上。

我是个马大哈——粗心大意的孩子更容易浪费时间

我们都知道，对于孩子来说，细心是一种很好的生活和学习习惯，我们需要从小培养孩子的这种习惯，进而帮助他们形成一种自制力。而马虎是细心的天敌，孩子在出生后，我们就要尽可能地加以引导，正确地引导孩子凡事细心。

不过，孩子粗心大概是令父母头疼的普遍问题之一。粗心的原因众多，其中有气质因素。比如，有些孩子对感觉刺激的敏感性较差，而注意力又容易受干扰；也有知觉习惯的因素，比如有些孩子对知觉对象的反映不完整、分辨不精细；还有兴趣的因素，比如对感兴趣的事情比较仔细，对不感兴趣的事情马马虎虎等。而最重要的原因是，很多家长没有运用正确的教养方式。拿学习来说，一些家长从孩子一入学开始就对孩子的学习大包大揽，做作业似乎成了自己的事。孩子的一些不良的学习习惯也就在不知不觉中养成了，孩子从此会对自己的作业毫不负责。等到了高年级，家长突然放手的时候，就会发现孩子的作业差得让人揪心。长此以往，孩子的学习能力就会低下，离了大人就不会学习。最令人伤脑筋的是，粗心会变成一种行为方式，让孩子凡事都冒冒失失、粗枝大叶，成为真正的"马大哈"。粗心的孩子往往动手快于动脑，事先缺乏仔细的观察和全面的思考。这一情况随着孩子认知能力的提高会有所改善。对已经形成粗心习惯的孩子，家长要对他们进行耐心的、细致的指导，帮助他们形成新的知觉、思维和行为的模式。

纠正孩子马虎、粗心的习惯，是一件细致的、艰难的、经常反复的工作，需要家长高度的责任心和耐心，不可急躁，更不可以责骂孩子。因为被骂得情绪紧张、兴致全无的孩子只会变得更加粗心。

1.从培养孩子的责任心做起

孩子的马虎粗心，最根本原因是缺乏责任心。一个有很强责任心的人，做任何事情都不可能马虎、粗心。所以要纠正孩子马虎粗心的习惯，要从责任心的培养做起。因为有了责任心，他自然能够小心谨慎地对待每一件事情，避免马虎。

家长们应少一些包办，少一些关照，少一些提醒，让孩子自己处理自己的事情；让孩子多承担一些家务劳动，多做一些力所能及的事情，以培养孩子的责任心。有时候家长要狠得下心来，让孩子吃苦头、受惩罚。

比如，上学前让孩子自己整理该拿的东西，如果他忘了，你也不要给他主动送去，而要让他受批评、受教育。再如，孩子外出之前，让孩子自己准备外出所带的食品和衣物。家长只做适当的提醒和指导，不要大包大揽，也不要强行将自己的意志强加于孩子，等他少带了食品，少带了衣物，或落下别的什么东西，在外吃了苦头的时候，他自然会吸取教训，责任心自然而然地会加强。等下一次外出的时候，肯定不会粗心，肯定不会丢三落四了。

2.从培养好的生活习惯做起

我们发现，如果一个孩子的房间一团糟，鞋子东一只西一只,他的作业往往字迹潦草、页面不整,做事丢三落四,观察没有顺序,思考缺乏条理,表现出典型的马虎粗心的特点。因此,从生活中的小事做起,培养孩子良好的生活习惯,能减少孩子的马虎粗心。

常用方法是:让孩子整理自己的衣橱、抽屉和房间,培养孩子仔细、有条理的习惯;让孩子安排自己的课余时间和复习进度表,培养孩子有计划、有顺序的习惯;通过改变孩子的行为习惯来改变他的个性。天长日久,孩子马虎粗心的状况就会渐渐减少。

3.培养孩子集中精力学习的好习惯

有的家长,不管孩子是不是正在学习,都把电视机开着,或者自己打牌、搓麻将,这些做法都会造成对孩子的干扰,使他不能集中精力去学习,久而久之,儿童便养成了一心二用的坏习惯。有的孩子放学回家以后,总是先打开电视,然后边看边写作业,或者耳朵上戴着耳机,一边摇头晃脑地哼着歌儿,一边做习题。试想,这样怎么能集中精神呢?

4.培养孩子认真的习惯

有些孩子马虎,是性格使然。一般来说,马虎粗心的孩子开朗、心宽、不计较。这是他们性格中的优点,应该加以肯定、保护。但家长若能引导他们遇事认真、谨慎,性格外向的孩子也能改掉马虎大意的毛病。

认真是任何人要做好一件事情的前提,如果对什么事情都敷衍了事,草草出兵,草草收兵,必然做不好。然而,认真、不马虎是一种习惯，要孩子克服马虎的毛病，需要家长的指导和帮助。光靠说教不行，要靠平日里的习惯培养。久而久之，孩子也就有了自我控制的能力，把认真当成一种习惯。我们教育孩子，也就是要让孩子养成良好的习惯，具备良好的素质，才能挑得起未来独自生活的担子！

学习没有方向——让目标唤醒他自主管理时间的热情

任何一个人都必须要有自己的人生目标，否则就像一只无头的苍蝇，找不到人生的方向。学习阶段的儿童同样需要学习目标，学习如果没有目标，就如航海时没有灯塔，很容易迷失方向，而及早地明确自己应该学会什么，并确信这些内容值得一学，他们就会让目标唤醒内心自主管理时间的热情，从而自觉地、努力地学习。

美国的一位心理学家曾经指出："如果一个铅球运动员在比赛的时候没有目标，那么，他的成绩一定不会很好。如果他心中有一个奋斗目标，铅球就会朝着那个目标飞行，而且投掷的距离就会更远。"这个比喻形象地说明了学习目标的重要性。当孩子有了一个追求的学习目标时，他就会不懈地努力，向心中既定的目标前进。

成功的学习取决于学习对你的重要性，如果你不能使学习变得很重要，如果你不能使学习变得有乐趣和有收获，你的学习将不会有多少进展。

因此,作为父母,如果我们希望孩子能提升学习效率、提升学习成绩,那么,就要从帮助孩子明确目标开始。

某小学毕业考试成绩第一名的女生在接受采访时说:"学习首先要有明确的目标,有目标才有动力。拿我自己来说,我刚上小学就定了毕业要考第一名的目标。当然这是一个长期的目标,有了这样的目标,我就能做到学习的时候不松懈,永远充满斗志。当然,目标要切合实际,目标太大、太遥远,会因为长时间达不到而损伤自己的积极性;目标太小,又不能起到激励自己的作用。理想的情况是定一个比自己的能力高出一点,又能达到的目标。怎样去向自己的目标努力,我的总结是四个多:多思、多记、多问、多练。多思是指要勤于思考,培养自己思考的深度。多记,是指用笔记下学习中的点滴收获,好记性不如烂笔头。多问,我觉得多和同学交流非常重要,做题时看看其他同学的思路,往往会很有启发。"

从这名女生分享的学习经验中,我们发现,盲目的学习是要不得的,策略的第一步应该是明确自己的目标,有目标才会有动力。

国内外的学习实践都证明,学习目标具有导向、启动、激励、凝聚、调控、制约等心理作用。有明确的学习目标比没有目标对孩子学习活动安排、学业成绩提高都会产生更积极的影响。一些研究表明。完成同样的学习任务,如果其学习目标明确比没有目标可以节省60%的时间。

那么，该怎样帮助孩子制订学习目标呢？我们先来看下面的故事：

一位父亲带着三个儿子来到沙漠中，他们的目的是猎杀骆驼。

到达目的地后，父亲问大儿子："你看到了什么？"

大儿子回答："我看到了父亲、沙漠和骆驼。"父亲没作声。

父亲又问二儿子："你看到了什么？"

二儿子回答："我看到了父亲、哥哥、弟弟、弓箭、沙漠和骆驼。"父亲又没作声。

父亲最后又问三儿子："你看到了什么？"

三儿子回答："我看到了骆驼。"父亲满意地回答道："答对了。"

这则寓言说明确定目标的秘诀就是"明确"。确定、分解学习目标的要点有如下两个：

1.帮助孩子先确定大目标，并且细化到小目标，让孩子心里要有数

比如，你可以问孩子，高一要做什么，高二要做什么，高

三要做什么,要具体到每一个年级。高三又可以划分为几个阶段,每个阶段要完成什么学习任务,甚至具体划分到每个月、每个星期、每一天学习任务是什么。同时,目标要有针对性,不能东一榔头,西一棒槌,要根据自己的实际需求制定目标。

2.制订计划是为了坚持

你要告诉孩子,大目标短时间内不能很快见效,但是你可以看到自己每天在努力,完成每天制订的学习任务,距离成功就又近了一步。基础差并不可怕,关键是要坚持不懈。你可能走了一千步还没有看到成功,但是不要放弃,坚持不懈,你会发现,也许成功就在一千零一步的拐弯处。

总的来说,帮助孩子明确目标是提升孩子学习能力和时间管理能力的前提,而制订学习目标,需要父母从旁协助和指导,并监督孩子朝着目标奋进。

不能什么都答应孩子——让孩子在自控中提升时间管理能力

金无足赤,人无完人,人最大的敌人是自己。只有能够战胜自我的人,才是真正的强者。这就考验到人的自制力。一个有着强烈自制力的人,就像一辆有着良好制动系统的汽车一样,能够在很大程度上随心所欲,到达自己想要去的任何地方。因此,我们可以说,美好人生,就是从自我控制开始的。

而生活中，人们之所以会做那些让自己后悔的事，归结起来，大多是因为自制力薄弱，抵挡不住诱惑，因此做了不该做的事。可见，任何一个父母，在教育孩子的过程中，一定要培养孩子的自控能力，让孩子学会约束自己。自制力强的孩子往往更懂得珍惜时间，也更容易在未来生活中取得成功。

然而，我们都知道，孩子毕竟是孩子，他们往往自制力不足，需要我们成人的引导和帮助。而为了提升孩子的自控力，我们可以运用心理学上的一个方法——延迟满足，它指的是，人们为了获得更大的目标，可以先克制自己的欲望，放弃当下的诱惑。如果一个人没有忍耐的能力，那么，则会在遇到压力时退缩不前或不知所措。

生活中，一些家长在自己年轻时受过很多苦，因此，对于自己的孩子的要求，他们都来者不拒，孩子要什么，他们都满足，这样孩子就更难忍受无法立即获得满足的挫折感。而一个自我延迟满足能力高的孩子，在成年后就会在面对困难和挫折时，知道自己要付出很多才能达到那个目标。

这天，妈妈给了静静一块糖，然后她把另一块糖也放到静静面前，说："静静，现在有两块糖，你今天只能吃一块，不过你要实在忍不住了，还可以吃第二块，但是明天的糖就没有了。如果你不吃，明天妈妈会给你两块。"

静静很聪明，她歪着脑袋问妈妈："那我今天和明天都不吃，后天能给我三块吗？"

妈妈很吃惊小小的静静居然这么问，不过她欣喜的是，静静才4岁，就已经有了这么强的自控能力了，于是，妈妈高兴地说："真'贪心'啊！"

这里，静静就是个有自控力的孩子。事实上，懂得克制自己欲望的孩子的眼光是长远的，当他们在成年后，对于眼前的事，他们会做出综合的考虑，考虑一下这个现在对我有没有利，五年以后有没有利，十年以后有没有利。如果小时候不控制自己，长大了就会习惯"控制不住"的状态，矫正起来则比较难。

妞妞看到冰箱里的冰激凌，嚷嚷着要吃，但此时她正咳嗽、嗓子疼。妈妈就跟她解释："你现在正病着，吃了嗓子就说不出话来了，等过几天嗓子好了给你吃。""我就吃一点点。""吃一点你的嗓子也会比现在疼得厉害，还得吃更多的药，等好了，可以给你吃一个蛋筒。"妞妞权衡了利弊，选择吃一个蛋筒。

妞妞妈妈就是在理性地教育女儿，这是正确的。小孩子对自己的要求往往只是感性上的，并不清楚它的利害关系，家长帮助孩子认识到这一点，他就会慢慢地了解什么是该要求的，什么不可以要求。

家庭教育中，每个父母都要遵循孩子的天性，但这并不意味着我们要满足孩子的所有要求。相反，适当延迟满足，能培养孩子控制自己欲望的能力。这一点，需要家长在生活中加以贯彻实施，当你的孩子明白只有付出才有回报时，他也就拥有了一定的自控力。自控力好的孩子，在未来的学习和生活中，往往更能掌控时间、认真专注。

那么，父母应该如何培养孩子的延迟满足能力呢？

1.不要什么都迁就孩子

当他们要什么时，我们可以适当延迟一下时间，如过半个小时再来处理孩子的要求，在这个过程中，他的忍耐能力就在无形中提高了。

2.视情况而定，看有的要求是否合理

当孩子提出某个要求时，家长是否要立刻满足，最重要的是看这个要求合不合理。如果家长认为孩子的这个要求是合理的，就应该马上满足；如果家长认为孩子提出的要求不合理，就一定要拒绝，但你需要注意的是，你必须在拒绝他的时候告诉他原因，告诉他怎样做才是对的。

3.立场要坚定，态度要温和

如果你想拒绝孩子的要求，那么，你就必须表现得立场坚定，进而让孩子明确自己的要求是无理的，但同时，你的语气必须要温和，这样才是真的以理服人，才能让孩子感觉你依然是爱他的。

比如，女儿想买一样东西，你可以这样说："抱歉，宝贝，妈妈最近经济有些拮据，大概3天后妈妈才能拿到钱，那么，这3天妈妈必须努力工作，你能帮妈妈在这3天干点家务吗？到时候妈妈再给你一点补助，3天以后再买给你好吗？"这样态度温和地说，是要让孩子感受到："虽然妈妈没给我买，但妈妈是有原因的，妈妈也是爱我的。"

把小事做好才能做大事——在小事中磨炼孩子的自制力

我们都知道,认真专注、自制力强的孩子无论是做事还是学习,效率都会更高,因此,他们在课堂上可以学习到更多的知识;相反,自制力差的孩子,听了老师一两句话后,就开始发呆走神,学习就跟不上,考试成绩也差。由此可见,专注力对于孩子来说多重要。

培养一个优秀的孩子,这是很多父母关切的问题。每个父母都希望孩子可以成龙、成凤,有些父母在孩子2岁时就开始为他报各种兴趣班,生怕孩子输在起跑线上,但这种输在起跑线上的思维,无疑会让孩子焦虑,甚至形成叛逆的性格,离父母想培养优秀孩子的初衷越来越远。

其实,对于很多年龄较小的孩子,父母没必要急着让他们快速成长,用拔苗助长的方式对待他们的童年。这个年龄段的孩子需要的是发现生活和感受生活,尤其是那些细节,并且从中培养孩子的专注力,这样他们才会更加优秀。

培育孩子的最好方式并不一定都在远方,也可能就在我们眼前,甚至是看起来无聊的小事。比如有些父母带孩子去公园玩,孩子在沙堆里玩得很开心,而在一旁陪着孩子的父母无法理解,沙堆这么无聊的东西,为何小孩会玩得那么开心。但对于小孩来说,这是一个很好的认知能力培养的过程。

在日常中,有哪些小事看起来很无聊,但坚持陪孩子做,就能锻炼他们的自制力呢?

1.让孩子完成自己分内的事

父母不妨让孩子从个人分内工作开始学习,其中包括生活自理能力,如自己学习将衣服穿好、放好;自己的玩具自己收拾好;把脏衣服放进篮子里;让孩子慢慢习惯。

2.在生活中培养孩子做家务的能力

让孩子做家务是帮助孩子成长的最好机会,它不仅可以提高孩子做事能力,更可培养其专注的习惯。然而父母在培养孩子做家务习惯时,需要时间、耐心以及周详的计划。让孩子能"自主自发"地去做,才能达到教育的效果。对于一些年龄较小的孩子,我们最好给予指导:

(1)择菜:这一家务能让孩子参与到做菜的过程,了解从择菜到洗菜和烧菜一个过程都不可缺少,也能让孩子明白家长做饭的辛苦。

(2)洗米、煮饭:从舀米开始,让孩子知道全家人吃饭需要多少米,煮饭需要多少水。洗米时,也可以告诉孩子,这水除洗米外，还可以留着做其他用途，如洗菜，顺便教给孩子节约的概念。

（3）扫地、擦桌子：在孩子第一次做这些家务时，我们可以为孩子准备一块专门的抹布，让孩子试着去做家务，或由父母教孩子如何做，才能将桌子、地板弄干净。

（4）晒、收、叠衣服：晒衣服时可请孩子帮忙拿衣架，由妈妈晾衣服；收衣服时，孩子还小，可由他负责拿自己的衣服；叠衣服时，孩子也可以学习折叠及分类放好。

3.在趣味活动（游戏）中学习

（1）清洁队员与收购员。孩子假设自己是一位清洁队员，开着一辆清洁车，清扫各种玩具和东西，然后交给收购员（即妈妈）处理。借由游戏培养孩子做家务的兴趣。

（2）扮家家。利用玩具、餐具（杯、盘、汤匙、锅）等与孩子玩做家务游戏。"娃娃，平常都是妈妈做饭给你吃，今天你也炒个菜给妈妈吃好吗？""娃娃做的菜真好吃。吃完了，现在我们一起将桌子、盘子、碗收干净好吗？"借游戏达到教育效果。

4.观察小动物

孩子对于小蚂蚁、小蝴蝶这类小动物是十分好奇的，这么有特点的小动物，孩子自然会感到很有趣。孩子在观察小动物时，是很好的观察力培养的过程，通过观察小动物，孩子能发现自然界的奥秘，从细微的事物中认识世界。父母在陪伴孩子观察时，也可以给孩子上一堂生物课。比如，当孩子观察蝴蝶时，父母可以教孩子关于蝴蝶的知识，增加孩子的知识。

　　父母在培育孩子时，父母应该秉持初心，有时简单的方式不代表无效，但长久坚持下来，对于孩子的成长来说，肯定会带来飞跃的改变。所以说，父母可以静下心来，看看那些不起眼的小事情。有时候，小事情说不定有大改变。让孩子成为更加优秀的人，并不难。

第 06 章
培养整理习惯，从生活中训练孩子的时间管理能力

　　生活中，很多父母都知道提升孩子专注力对于加强孩子时间管理意识和训练孩子时间管理能力的重要性，但是让很多父母苦恼的问题是如何着手训练。其实，我们大可以从日常生活中开始，培养孩子认真、仔细的生活习惯。比如，锻炼孩子做家务的能力、自理能力以及整理的能力，每天为孩子布置一点家务任务，在这一过程中，不仅可以提高孩子做事能力，更能培养其高效的做事习惯。

让我自己来吧——鼓励孩子自己动手,提升孩子的专注力

幼儿园开家长会,老师特意向孩子的父母布置了一项家庭作业——教会孩子剥鸡蛋壳。一位妈妈在下面小声地说:"这多为难孩子啊,我家女儿还不知道鸡蛋长什么样呢!"老师觉得很奇怪,孩子都这么大了,怎么会不知道鸡蛋什么样子呢,那位妈妈继续说:"我总怕煮鸡蛋的蛋黄会噎着她,到现在还一直只给她吃鸡蛋清。"在场的老师和父母们都惊呆了。

这位妈妈真的很爱自己的女儿,在日常的生活中大包大揽,什么事都替孩子做好,以致孩子上幼儿园了连鸡蛋的样子都没见过。这样的爱摧毁了孩子的动手能力,最终甚至会导致孩子一事无成。

科学研究证明:手部的活动和精细动作能刺激人的大脑皮层的运动中枢,反过来,运动中枢也能调节人手部的精细动作。总的来说,多活动双手能促进大脑发育及其功能的完善。苏联著名教育家苏霍姆林斯基也说过:"儿童的智慧在他的手指尖上"。心理学家也一致认为手指是"智慧的前哨",这句话足以表明手部动作是多么重要。动手能力是一种最基本而又十分重要的能力,父母在培养儿童专注力和时间管理能力时,不妨从培养他的动手能力开始。

这其实并不难，家长不要事事代劳，鼓励孩子自己动手，并形成规矩，另外，生活中提高孩子动手能力的方法有很多种：

1.父母要告诉孩子"自己动手，丰衣足食"的道理

功夫不负有心人，成功的桂冠只属于那些锲而不舍、坚持不懈的人。一分耕耘才有一分收获，成功之花要靠辛勤的汗水来浇灌。从古至今，每个成功人士的背后都历经沧桑，但他们面对困难都是迎难而上、锲而不舍，为了理想奋发进取，最终取得了成功。

2.把家务进行合理分工

孩子也是家庭的一分子，他们可以帮助父母做一些家务，比如，当他们放学回家后，爸妈还没下班的情况下，可以让他们先煮好饭；周末，他们也可以抽出半天时间帮爸妈进行大扫除等。这虽然都是一些小事，但却能锻炼孩子的自理能力。

如果孩子不愿意做家务，我们可以把家务进行分工，比如父亲负责清扫房间，妈妈负责做饭，孩子负责喂养宠物或洗碗等。这样，孩子会逐渐认识到自己的职责，也就逐渐能养成自理的习惯。

3.让孩子在日常生活中学会自理,自己的事情尽量自己完成

孩子学会走路之后,活动范围明显扩大了许多,这时的孩子非常愿意做些事情。但是他们手、脚的协调能力还不完善,做起事来常常"笨手笨脚"。家长千万别因嫌孩子麻烦或碍手碍脚而剥夺孩子学习劳动的机会。家长可以耐心地、反复给孩子做示范,让孩子跟着模仿,慢慢地变得熟练。家长还可以教孩子自己系鞋带、脱衣服、放被褥、收拾自己的房间、洗一些简单的东西等。

比如,当孩子具备一定的动手能力后,就可以让他洗自己的衣服了。如果你的孩子比较懒惰,不愿意自己洗衣服,那么,我们不能粗暴地批评,而要进行耐心的说服教育,帮助他逐渐学会洗自己的衣服,并鼓励他向自理能力强的同学和朋友学习,早日提高自理能力。

当然,除此之外,我们还可以教导孩子自己的被子自己叠、自己收拾书包和房间等。

4.鼓励孩子力所能及地帮助别人

家庭生活是一种集体生活,也可以看做社会的缩影,家长要引导孩子多为父母做些事情,可以是一些很小的事情,如扫地、擦桌子、洗碗等,从小培养孩子为他人着想的意识。

5.对于一些年龄较小的孩子,可以培养他们对于益智游戏的兴趣

幼儿的许多知识技能都是在操作活动中学会的,其思维也是在操作活动中逐渐发展的。因此,为孩子提供各种的动手操

作的机会，既满足了他们的动手兴趣，又为幼儿园的智力发展提供了机会。游戏是幼儿运用智慧的活动，在游戏中，孩子的感知觉、注意、记忆、思维、想象都在积极活动着，孩子不断地解决游戏中面临的各种问题，这使孩子的思维活跃起来，有利于促进孩子的注意力、记忆力、思维力、想象力的发展，同时也促进孩子动手能力的发展。

6.父母要善于称赞孩子

当孩子努力去做了，或做得很好时，家长要立即予以称赞和鼓励，以调动孩子的积极性，增强孩子的自尊心和自信心。这种称赞尽量不要依赖实物的形式，比如给孩子买玩具，买好吃的东西等，因为这样容易刺激孩子的虚荣心，时间久了，反而会阻碍孩子的健康成长。

另外，孩子在刚开始进行自理活动的时候，家长还应该注意以下几个方面：

（1）考虑孩子的实际情况，不要让要求超出孩子的能力范围，以免孩子因挫折产生抗拒和畏惧。

（2）先对孩子进行引导，与孩子一起自理。面对孩子越帮越忙，把现场搞得一塌糊涂、乱七八糟的情况，要耐住性子，教孩子改正及正确示范方法。

（3）"多容忍、少责备"，在指导孩子的时候，口气要温和，不宜破口大骂，要有耐心、有步骤地教导孩子学习。

（4）在让孩子学会自理的过程中，父母要一起参加，不要让孩子产生"孩子不需要自理"的错误观念，应让他有正确认识:"家"是属于每个人的,所以屋里的每一件事,大家都有义务去做。

(5)安全问题也是不容忽视,不要让孩子接触一些危险物品。

总之,父母要明白,有自理能力、动手能力强的孩子,专注力也会强。这样的孩子有着更强的时间管理意识与能力。因此,一旦儿童有一定的动手能力后,家长就要适当放开你包办的手了,给他们一个锻炼自己,提高能力的机会!

保持整洁——引导孩子把乱七八糟的东西收拾好

生活中,我们经常看到有些家长唠叨自己的孩子邋里邋遢、什么东西都乱放,到用时却找不到,每次找东西都要花很久时间,这样的孩子很难有时间管理意识,更别说高效了。其实,造成这一结果的原因是平时家长帮助孩子做得太多了。在孩子还小的时候就应该培养他们收拾整理的好习惯。要知道,孩子拥有好的自理能力会让其受益终身。在收拾和整理的过程中,充分调动孩子手脑并用的能力,能锻炼他们的耐性和专注力,所以,爸爸妈妈赶紧行动起来吧!

然而,我们看到的现实情况是,家长为孩子包办一切的习惯并没有得到纠正,因此,孩子连生活中最基本的收拾能力都没有。这些家长是这样做的:

（1）看到孩子的房间乱七八糟，撸起袖子就整理。

（2）马上要迟到了，孩子还在磨磨蹭蹭系鞋带，算了，给他系吧。

（3）孩子说要洗碗，怕他洗不干净，算了，自己洗吧。

这些现象在生活中随处可见，家长承包了孩子所有需要整理和收拾的任务，可家长似乎没有注意到，这样会导致孩子缺乏自理能力，将来在面对困难时，会表现出其缺乏自信和独立性的一面。从另外一个方面说，这会让孩子认为家长的付出都是理所应当的，更不会善待父母和家人了。最为重要的是，家长总是替孩子收拾和整理，剥夺了孩子训练专注力的权利，这样，孩子的时间管理能力自然也得不到提高；相反，我们发现，那些从小就懂得收拾房间和整理书包的孩子，他们在学习上的自觉性更高，自然更懂得珍惜时间、努力学习。

下面，我们来看看孩子不懂整理的坏处：

1.孩子缺乏自理能力

孩子不懂得整理，事实上，是因为孩子缺乏自理能力。爸爸妈妈应该从孩子有行为能力后就教导他做一些力所能及的小事，让孩子明白自己的事情要自己做，别人遇到困难了可以及时给予帮助。

2.孩子喜欢依赖他人

有位母亲这样抱怨：

"儿子从小和我在一起，是我自己一手带大。母亲对子女的那种疼爱让我不仅对他宠爱有加，而且几乎没舍得让他做过任何家务。慢慢地，连儿子都认为妈妈就是在家里伺候他和爸爸的，于是能干的事情也不愿意去干，总是妈妈长妈妈短地叫个不停，而我也因为看不上儿子做的一些事情彻底剥夺了他想自己动手的念头，结果儿子的依赖心越来越重了！"

不得不说，现在的孩子大多都是独生子女，他们生活在优越的环境里，备受长辈的呵护和关爱，他们在家里的一切都由父母包办代替，是家中的小太阳。一切生活琐事都无须自己动手，潜移默化地养成了依赖别人的习惯。

的确，孩子不懂得整理，总是会让别人帮忙，慢慢地就会让孩子觉得家务事并不是自己的责任，自己不想做的时候别人来帮助自己是正常的。推而广之，此后孩子就不会自己独立去完成任务。

3.孩子养成懒惰心理

孩子不懂得整理，慢慢地会变得越来越懒惰，小时候自己的事情不肯自己做，长大以后很多事情也会懒得去做。这就是孩子的惰性在作怪。

4.孩子做事效率不佳

孩子不懂得整理，会降低孩子做事情的效率，小事做不好，在工作学习上遇到事情就更加解决不好。因此，要想以后孩子有所作为，在孩子小的时候就要培养他的整理能力。

家长必须从小引导孩子自己收拾整理。在孩子有了一定的动手能力后，教会他主动去收拾整理，不仅可以帮助他发展能力，还能让爸爸妈妈的劳累程度大大减小。大家要注意的是，想要你的宝宝自己学会收拾，不是一蹴而就的。

其实，想要让孩子学会整理并不难，只要爸爸妈妈做到以下几点，孩子就能够简单地学会整理。有几点建议：

1.告诉孩子干净的房间的好处

可以给孩子讲讲，干净、整洁的环境能让他们很快地找到他们的东西，比如当他们需要衣服时能在第一时间找到，并且衣服放在衣柜里会让他们的房间看起来更整洁，他们的玩具小伙伴也会生活得更舒适。这样，孩子们就会越来越喜欢整理自己的房间。

2.可以让孩子感受一下房间脏乱带来的后果

比如，孩子把脏衣服随手扔在地上而不是扔在篓子里，那么他们就没有洗干净的衣服可以穿；如果孩子不爱惜、不收好自己的玩具，那么玩具可能被损坏或丢失。这是教孩子注意保持房间卫生很好的办法，甚至都不需要家长去惩罚，孩子就会乖乖整理好。

3.创造一个能使孩子乐于整理、能够整理的环境

比如说，专门给孩子安排一个角落，用来放置去幼儿园用的衣服和物品，并标上新鲜有趣的记号。在孩子出入方便的地方，准备一个固定的放衣服、鞋、袜的地方。准备一个大的箱子，用来放玩具，准备一个低层书架或抽屉，用来放书。

4.当孩子的房间非常整洁时，家长要不吝惜地给予赞扬

可以夸孩子，说房间收拾得真好真干净，衣服叠得也非常好，这样孩子就会保持爱整洁的习惯。不过，奖励也不能太多，这会使孩子产生整理房间就有奖励的想法，那么若没有奖

励,孩子可能就不会主动整理房间。过度称赞孩子的勤快,可能会使他们认为他们本不应该打扫房间。

的确,爱玩是孩子的天性,像整理房间这样的事情,他们觉得没有乐趣才不会去做。其实,整理房间并不是一件非常困难的事情,家长可以通过一些"小伎俩"来提高孩子们整理房间的兴趣,给他们创造动机。

书桌杂乱学习效率低——让孩子学会整理书桌

生活中,作为家长,我们羡慕那些学习起来十分认真且效率高的孩子,因为他们总是能将工作和生活安排得井井有条,我们也在让自己的孩子努力学习他们的学习方式和学习经验,但抛开那些总结的经验,只要先来参观一下这些孩子的书桌,我们就能发现他们的共同点:在他的书桌右上角,放着一盏台灯,好像仆人一样恭敬地守在那儿;几支签字笔也像小兵一样排得整整齐齐。他的书桌上没有东一张西一张的便利贴,更没有那些乱七八糟的草稿纸,一切看起来舒服极了。也许你会说,我的孩子的书桌也是如此,果真如此吗?

定睛一看,那里是:杂乱无章的桌面、到处都是的书本、被随意丢弃的草稿纸,还有那些课外书、报纸、零食碎屑等,如果他们突然想起来需要什么,就需要从这些"垃圾"中翻找,甚至要找个底朝天。试想一下,在这样的环境中,孩子的学习效率怎么能提高？太多的时间浪费在寻找东西上了。

任何一个高效的孩子都不允许自己的书桌杂乱无章。美国著名的管理学家蓝斯登说："我欣赏彻底的和有条理的工作方式。那些成功人士，当你向他询问某件事情时，他立刻会从文件箱中找出。当交给他一份备忘录或计划方案时，他会插入适当的卷宗内，或放入某一档案柜中。"

当你向孩子提及这一问题时，可能他会说，随意的书桌让他学习起来更轻松，但真实情况呢？当他把头部埋进一片废纸堆的时候，他的心情会轻松吗？想必那些堆砌的资料只会让孩子急得满头大汗。更糟糕的是，凌乱的东西会随时分散他的注意力：一个小纪念品、一张画片都有可能突然出现在他的视线里，从而扰乱他的进程。

另外，学习环境的整洁与否，反映着你的孩子是否是个有条理的人。书桌杂乱无章，也会给他一种消极的心理暗示：我要学习的内容有很多，一切毫无头绪，从而让人丧失信心、压力倍增，降低了学习的效率。

请看下面这个例子：

平平今年马上升初一了，他的成绩优异，是大家羡慕的对象，但只有他自己知道，他的压力太大了，他每天都把大部分时间放到了学习上。寒假的时候，他除了睡觉外，几乎都待在房间学习，甚至连好好睡个觉都觉得是奢侈，因为他总有学习不完的内容。

最近，他又要参加一个辅导班，这下子他更忙了。一个多月以后，他感觉自己的精神快要崩溃了，于是他在爸爸妈妈的带领下去看心理医生。

他的脸上写满了紧张和恐惧，在医生的疏导下，他说出了自己的痛苦："我的房间室里有三张大写字台，上面堆满了东西，我现在每天都要学习，好像永远在忙，我觉得压力好大，好辛苦。"

在他说完这些话之后，医生知道问题出在哪了，他建议平平：清理书桌，只留一张写字台，当天的事当天必须处理完毕。他听从了医生的提议，从此，他觉得一切轻松、简单多了，无论是做事，还是学习，效率都提高了。

看完平平的故事，现在我们应该都能明白保持书桌面整洁的重要性了吧！千万不要以为这只是个美学问题，整齐的办公环境并不表示你的孩子是个完美主义者，而是为了条理化学习的需要。

其实，引导孩子整理书桌的过程，也是整理思路的过程。

我们要告诉孩子,不管学习多么忙,也要把书桌收拾得整洁、有序。如果他在晚上学习,那么,在他睡觉之前,让孩子把明天必用的、稍后再用的或不再用的书本或文件都按顺序放置好。保持这个习惯,他第二天的学习也将变得有条不紊,简单而快乐。

那么,我们该如何帮助孩子为书桌做瘦身运动呢?

你需要为孩子挑一个简单的稍大点的书桌,因为它有较大的空间,计算机也不会碍手碍脚。要用计算机时,转个四十五度角就行了。

好吧,再来看看孩子每天伏案学习的地方,那些东西真的是他所需要的吗?是不是有太多小文具,诸如铅笔、圆珠笔、公文夹、文件夹、订书机之类的东西,他的书桌肯定有抽屉,将他们都扫进去吧!

每天学习到深夜,他肯定会渴,原本他想去拿手边的一个东西,但却不小心打翻了牛奶,满桌子都是牛奶渍,甚至还洒到衣服上,他会又气又恼,但有什么办法呢?这是他自己犯的错误!要不换一下牛奶杯吧?你可以为他选择一个带杯盖的,这样,不但能保证牛奶的温度,还能避免牛奶洒漏。另外,如果你的孩子的确是个笨手笨脚的人,那就买一个重量级、宽底小口、像金字塔般稳当当的杯子,它会老老实实地待在桌面上的。

是不是觉得有点不方便呢?再简单的书桌还是要把那些必备文具用品摆到手边的。

现在看来，一切完美了，即使现在突然停电，他也会找到想要的东西。最后，为了让孩子有个好心情，你可以将他的照片或全家福放到他可以看得见的地方，简化学习环境并不意味着他不能保持自己的个性！

一步步养成认真专注的好习惯——每天给孩子布置一点家务

我们都知道，认真是一个人重要的品质。孩子养成做事认真的习惯，往往能提升时间的利用率，这是提升时间管理能力的重要方面，也对孩子的学习乃至今后的人生发展都有着至关重要的作用。然而，一些父母感叹，如何对孩子进行这方面的训练呢？其实，我们大可以从日常生活中着手，比如，锻炼孩子做家务的能力，每天为孩子布置一点家务任务，在这一过程中，不仅可以增加孩子做事能力，更能培养其认真专注的习惯。

然而，孩子是天生爱玩而不爱劳动的，那么，我们该如何引导孩子做家务呢？

周末的一天，小白在家做作业，妈妈准备对全家上上下下进行一次大扫除，她喊小白把自己的床单拆下来，没想到小白却说："妈妈，你自己拆吧，我正忙着呢！"

听到女儿这么说，妈妈不怎么高兴，她心想，这孩子，都这么大了，什么事情都不做，这样下去，以后住校了可怎么办？于是她说："小白，你都10岁了，是个大女孩了，该做些家务来锻炼自己了。"

"妈妈，你今天可真是奇怪，平时我主动要求做家务，你都不让。我说买菜，你说怕人家坑了我；我说刷碗，你怕我把碗打碎了；我洗衣服，你又说我洗不干净。"

"以前是妈妈不对，现在妈妈觉得错了，适度做点家务对你的成长大有益处。尤其是能训练你的专注力哦！"

"嗯，妈妈说得对，那从今天开始，我就当妈妈的小帮手吧。"

"女儿真乖。"

和小白一样对家务丝毫不插手的孩子在现代家庭中为数不少，这不仅与孩子自己的惰性有关，更重要的是由于父母不恰当的教育方式：一是家长喜欢大包大揽，不懂得让孩子从小养成爱劳动的好处；二是有的家长一开始也想让孩子干一些力所能及的家务活，但几次孩子做不好，就不让他们做了；三是在"万般皆下品，唯有读书高"这种传统观念的影响下，不少家长忽视了对孩子的劳动教育。我们的父母大多数是不让孩子做家务事的，甚至孩子自己该做的事如收拾书包、叠被子等家长都要代劳。90%以上的家长要求孩子就只管弄好自己的学习。如此想法，其实都是不必要且不恰当的。这样做剥夺了孩子的成长机会，把孩子管成了事事依赖父母的精神残疾。

事实上，做家务对孩子的全面发展有着重要作用。适当让孩子干点家务活不仅影响不了学习，而且还有助于培养他的意志和品质,当孩子具备了一定的干家务的能力后,我们就要让孩子做家务,最好每天给他布置一点任务,这样不仅仅是为了减轻父母的负担,还可以促进孩子的全面发展。通过承担一定的家务责任,孩子能够形成自我意识,建立起自信心,更有助于孩子形成独立的人格,学到很多日常生活中的科学知识等,这些都能为孩子以后的成长打下基础。

真正的教育来自生活,哈佛大学曾经对456名孩子进行了20年的追踪研究;研究人员将其分成两组人员,一组是爱做家务的,一组是不爱做家务的。20年后,他们失业比例是1∶15,犯罪比例是1∶10,爱做家务组的收入水平比不爱做的高20%。而且,与不爱做家务的相比,爱做家务的心理更健康、承受挫折的能力更强、离婚率更低。由此可见,参加家务劳动不仅仅能让孩子为父母分忧,更关系到孩子一生的幸福。

但可能有些父母会发出疑问:对于这些已经懒惰成性的孩子来说,怎样才能让他们做家务活呢?确实,现在的独生子女能做到这一点是很不容易的。放手让孩子干一些家务活,这话说起来容易做起来难。那么,有什么好方法让孩子们"动"起来呢?又该如何与他们制订规矩呢?

对此,父母可以采取以下招数:

1.让孩子尝尝懒惰的"苦头",逼其"出手"

我们来看看这位母亲的训女经历:

"女儿今年四年级,别说让她做家务,就连自己的袜子她都不洗,不过这也是我惯的。现在,她升入四年级后,学习工具、课本的增多让孩子的房间一团糟,写字台上、床上到处都是书、纸。没办法,我看不下去了只好帮她打扫。有一天早晨要上学了,她还在房里急急忙忙地找自己的数学课本,还一边向我大发牢骚:'跟你说了多少遍了,你就让我的房间乱着,我的东西你别动,你别收拾,现在好了,我的东西都找不到啦!'帮她找出数学课本后,我故意打击她:'今后看你还要不要我收拾。'吃过几回'苦头'后,女儿一看到我拿着抹布向她的房间走去,就赶紧说'我自己来'。此后,女儿似乎喜欢上了收拾自己的小屋子,没事的时候,她还会采些花儿回来摆在房间里,每当周末大扫除的时候,她也加入到我们的劳动队伍中。看来,我的办法奏效了。"

2.多鼓励,让孩子尝尝劳动的"甜头",使其爱"出手"

要提高孩子的劳动积极性,少不了鼓励和表扬。

"儿子从小就爱劳动,这是因为我经常夸他。记得儿子3岁半时,我用破衣服给他做了一个小拖把,每天让他学习拖地。

虽然他那架势像是在写大字，但我仍高兴地夸他'是个爱劳动的好孩子'。有时，邻居们看见了，也忍不住表扬他几句。得到肯定后，儿子的干劲更足了，不但要争着拖地，还抢着擦窗户、洗碗。后来，儿子上了初中后，好像变懒了，我还是使出了旧招数，那天，我很忙，没回家做饭，等做晚饭时我回来了，一揭锅，才发现饭菜都做好了，虽然很难吃。我无奈地笑了笑，但还是进房间对儿子说：'你的饭菜味道不错哦，不过如果少放点盐会更好些。'儿子高兴地应了，下回做饭味道好多了。"

有位妈妈提到自己爱劳动的儿子的时候满脸笑容。

3.适当给孩子点"好处"，诱其"出手"

宋佳佳同学家搬新家了，妈妈并没有请人，而是雇了自己的女儿。当时，他们刚搬进新房，妈妈本想请个钟点工打扫卫生。宋佳佳知道做钟点工有40元每小时后，就主动"请缨"："妈，你就请我吧，质量三包，而且肥水不流外人田嘛。"想想这不仅能调动她的劳动积极性，又能让她明白赚钱的辛苦，妈妈就爽快地应承了。果然，孩子干活很卖力，卫生也做得很好，特别是她还能用赚来的钱买些参考资料和学习用品，这让她很有成就感。

不过将孩子的零用钱和家务挂钩只是一种战略技巧，还要从根本上培养孩子的家庭责任感。家长要告诉孩子："家务并不是只有爸爸妈妈做的，你也是家庭的一分子，也有做家务的责任和义务。"

事实上，孩子并不是不愿做家务，关键在于家长要善于引导，使其保持劳动的积极性。所以，作为父母，我们要适当超脱一些，尽早放手让孩子成长。让孩子在做好他们自己事情的同时，也多做些家务。这样，不但能培养孩子的自立能力，更能锻炼孩子的专注力和时间的利用效率。

总是慌里慌张、耽误时间——告诉孩子凡事提前准备能节约时间

在家庭中，可能不少家长发现，孩子似乎总是有做事慌里慌张的毛病，明明说好第二天全家郊游，但是到了目的地却发现不是少带这个就是忘了那个；上学到了学校后总是忘带课本；学习上毫无计划性，学习效率也不高……其实，孩子有这些不良行为习惯，完全是因为缺乏计划性，如果父母不加以引导，久而久之，孩子就会总是浪费时间、效率低下。

在对孩子进行时间管理能力的过程中，我们父母要着重培养孩子做事的计划性，告诉孩子凡事预则立，不预则废，只有制订计划并按照计划实施，才能减少失误、保证效率。

我们先来看下面的案例：

林女士的女儿丽丽今年7岁，刚上小学一年级。开学的时候，老师就说要来家里做一次家访。林女士想让女儿来接待老师，因为在这之前，她也一直有意训练孩子接待客人的能力，

而且这次来的客人是老师，如果女儿能谈吐大方、彬彬有礼地与老师交谈，对于提升女儿的自信是十分有帮助的。

不过，林女士担心一点，女儿毕竟还小，如果不给予指导的话，可能还是会手忙脚乱，所以，首先老师来之前一天，她就告诉女儿，老师要来家里做家访，希望她来做这次接待的主人，这样是为了让女儿有个心理准备。其次，她告诉女儿，老师来了之后，要热情打招呼和迎接，将老师引进客厅，然后问询老师的口味，要为老师准备茶点。再次，明确老师家访的目的，与老师大方交流，而这个过程中，父母也会接待，但主要接待任务还是交给她。

丽丽果然没有让林女士失望，老师第二天做完家访告诉她，丽丽是个很懂事乖巧的孩子，而且，才只有7岁，就能如此待人接物，确实很难得，听到老师这样的赞美，丽丽更开心了。

这里，林女士对孩子的家庭教育上可谓是用了心的，让孩子做接待客人的小主人，并告诉孩子做足准备工作，不但给予了孩子实践的机会，也避免孩子因经验不足而受挫，是对孩子接待客人的最好历练。

那么，在家庭教育中，我们如何教育孩子做事有计划性呢？

以下是五点建议：

1.让孩子养成凡事做计划的习惯

多小的事情，都要让孩子有做计划的意识，这道工序不是简单的程序，不仅是锻炼孩子做事严谨的一种手段，也是让孩子具备独立的思考能力、处理能力的机会，是让孩子更好地解决问题的重要前提。

2.凡事问问孩子怎么计划的

父母帮助孩子做计划，不是将自己的所有想法都体现在本属于孩子的计划中，而要问问孩子，这件事你是怎么想的、怎么计划的。在父母的鼓励和示意下，孩子说出自己的计划，这时父母再根据具体情况，帮助孩子完善计划，给孩子分析什么问题可能遗漏了，什么问题可能没必要。在这期间，从始至终以建议的口吻，让孩子有"自己是计划书的主人"之感。

3.与孩子一起制订计划表

父母可以设计一份生活计划表，并和孩子一起讨论他能做些什么，想做些什么？有了父母的参与，不但能提升孩子做事的积极性，更能帮他们减少失败的可能。

4.让孩子处理与年龄相符的问题

每个阶段的孩子都有不同程度的能力，父母要认识到孩子的承受能力和解决能力，不能一味地大包大揽，让孩子没有机会去处理问题。当意识到这件事情不需要父母代劳，孩子也应该能处理好时，父母就应该大胆地放手让孩子去做。也许孩子第一次做得不好、做错了，但这无疑是一次尝试、一次前进，孩子会在挫折中获得处理事情的经验教训。

5.指导孩子制订合理的学习计划

合理的学习计划是提高孩子成绩的行动路线，是帮助孩子成功的有力助手。没有学习计划，学习便失去了主动性，容易造成东抓一把西抓一把，以致生活松散，学习没有规律，抓不住学习的重点，因而总是被其他同学远远地甩在后面。因此，家长要切实指导孩子制订合理的学习计划。制订一份合理的学习计划，就等于为孩子找到了促进学习进步的金钥匙。帮助孩子制订严格的学习计划，养成守时、有序、高效的好习惯，是孩子一生受用不尽的财富。

第 07 章
用对方法，让孩子在学习上事半功倍

现代社会中，父母都希望孩子在学习上能出类拔萃，然而，很多家长常常会面临这样的情况：孩子很努力，但是成绩就是上不去；孩子写作业时，总是玩玩这个，搞搞那个，耽误时间；还有的孩子，压根儿就什么都不想学。这都是孩子因方法不对而白白耽误学习时间的表现，我们在培养孩子的学习能力的同时，也要教会他们掌握好的学习方法，唯有如此，才能提高学习效率，在学习上事半功倍。

为什么学习这么累——好方法让孩子学习效率更高

父母都希望孩子有好的学习成绩,然而,在现实的家庭教育中,很多孩子似乎很努力,成绩却总是提升不上去。但只要认真观察你会发现,很多孩子虽然看似在学习,但是因为不得要领,学习效率低,越是效率低下,越是无法认真学习,时间白白浪费了,还加剧了自己的焦虑情绪,学习更困难。作为父母,我们应该根据孩子的个性兴趣,为他们制订一套适合他们的学习方法,这样,孩子学习起来不累了,效率自然提高了。

小兰是班上的学习委员,从小学一年级开始,学校光荣榜上一直都有她的名字,在她的同学眼里,小兰就是个"屹立不倒的神话",很多同学都向小兰取经,问她有什么绝密的学习方法。

小兰说:"我觉得这得益于我妈妈的指导,以前我总是死记硬背,但是效率很差,很多知识根本记不住,后来我一坐到书桌旁,我就没办法静下心来,有时候思维不知道飘到哪里去了。后来,在妈妈的指导下,我开始调整自己的作息时间,做完作业以后就睡觉,然后我每天早上会醒得很早,一般你们大概是六点多起床,我5点就起了,而5~6点这段时间,我会拿来记单词。不知道为什么,我这时候背的单词都不会忘记。另外,对于理科,我会学习好课堂上老师讲的每一个知识点,然后在课下花点时间复习一下，就能巩固了。其实，学习并不是什么难事，每个人都应该有属于自己的一套学习方法，并不是千篇一律的。"

"可是，我们都不知道什么是属于自己的学习方法啊！"

"我们可以求助于父母啊，他们是了解我们的，而且，他们是过来人，我们的学习上的一些不足，他们是能看出来的。"

"是啊，我回去得和爸妈好好谈谈。"

这里，我们看到了学习方法的重要性。不过，调查显示，90%的孩子没有自己的学习方法，教育纯粹采用传统的填鸭式教育。这样导致很多孩子虽然很努力，可是成绩却依然提高不上去，最后导致孩子上课分神、厌学、贪玩。而家长就开始为孩子不爱学习、厌学而苦恼。也有一些家长会有疑惑：为什么有的孩子能轻松地学好，而有的人很努力却学不好。这还是因为学习方法上的差异问题，孩子有一套属于自己的个性学习方法,自然能学得好。

那么,作为父母,我们该如何帮助孩子改进学习方法,进而让孩子爱上学习呢?

怎样帮助孩子找到属于他自己的个性学习方法呢?

1.认识到孩子的特殊性,尊重孩子的学习兴趣

适合孩子的学习方法是一定要建立在孩子的学习兴趣上的。生活中,当孩子没有达到家长预期的目标时,家长就觉得孩子出了太多的问题,父母愤怒了,或是责骂孩子,或是语重心长"控诉"我们的孩子。孩子沉默了,孩子愧疚了,孩子自卑了……很多时候,孩子就是在这样看不见的教育暴力中失去了成长的快乐和发展的潜能。而即使父母为孩子打造出的学习方法再完美,也不一定适合你的孩子,因为他对此方法根本不感兴趣。

家长重视孩子的个体差异,充分考虑孩子的优势智能,注重学生兴趣和个性的培养,才能帮助孩子找到属于自己的"钥匙"。

2.掌握小窍门,让孩子尽快进入学习状态

如何让孩子尽快进入学习状态,是广大家长最为关心的方面。拥有九年个性化教育研究经验的教学专家认为:家长个性化的监督和引导是孩子安心学习的关键。在此,他教了家长们帮助孩子收心的几个小窍门:一方面,家长不要给孩子过多压力,要鼓励孩子适当地多看书,或者陪孩子适当做一些体育锻炼,让孩子心态平和下来。另一方面,家长可以帮助孩子制订

一个切合实际的学习计划,每天定期了解孩子的学习表现,多给孩子鼓励和建议,使孩子保持积极的心态。

3.训练孩子解决问题的能力

拥有解决问题的能力才是制胜的法宝。父母在帮助孩子找适合他的学习方法的过程中,这一点乃重中之重,要训练孩子这一能力,就要着重培养孩子自主学习和正确的思维方式。长此以往,孩子的成绩及综合素质将能够稳步持续地提升。

总之,帮助孩子找学习方法,需要依据孩子个人的习惯、兴趣、时间安排、生理状态等。你要想成为孩子的家庭教师,就要全面了解你的孩子,然后作出具体的计划安排。学习方法只有适合孩子自己的才是最好的。有针对性地制订出一套独特的、行之有效的教学方案和心理辅导策略,不仅能使孩子掌握一种切合自身的学习方法,提高学习成绩,更重要的是能让孩子的心理和心态更健康!

适合自己的才是最好的——帮助孩子找到生物钟,完善学习方法

日本著名小说家村上春树说:"世上有可以挽回的和不可挽回的事,而时间经过就是一种不可挽回的事。""挽回"时间的最好办法就是记录发生在现在的那些美丽瞬间,也就是充分利用碎片化的时间来学习和提升自我。其中重要的抓住碎片

化时间的方法之一就是找到自己的生物钟，然后根据生物钟来安排自己的学习，以提升自己的学习效率。

的确，人们经常说："适合自己的学习方法就是最好的学习方法"。那么，为什么一些成绩优异的孩子比其他人学习效率更高呢？因为他们有一套比较适合自己的学习方法，其中就包括他们善于利用自己的生物钟。

生物钟又称生理钟，是人体内形成的一种固定的"时钟"模式，实际上是生物体生命活动的内在节律。每个人都有生物钟，而每个人的生物钟都是不一样的，有的人喜欢晚上学习，越是在夜深人静时越精神。我们把这种类型的人叫"猫头鹰型"。还有些人是一到晚上就犯困，但早晨起得非常早，大约四五点钟就起来了，且早晨头脑非常清楚，背记东西非常快。我们把这种人叫"百灵鸟型"。自然还有一些其他类型的人。如果没有特殊情况，生物钟是不能随便打乱的，否则你的学习会出大问题。

我们发现，生活中，一些孩子为了提升自己的学习成果，选择挑灯夜战，利用自己的睡眠时间来学习，这一点是不可取的。每天晚上的睡眠是为了保证第二天白天有足够的精力学习，减少睡眠只会给自己的其他方面，比如工作或生活乃至学习本身带来麻烦。这一点，是我们需要告诫孩子极力避免。那么，我们该如何引导儿童根据他们的生物钟来制订好的学习方法呢？

下面是一位妈妈帮助儿子制订的学习日程表：

"我会帮助他确定每日、每周、每月的安排坚持执行。他在五年级时的时间安排紧中有松。每天早晨7：00到教室，做半个小时的语文阅读，接着开始上课；中午回家吃饭后休息30~40分钟(注意：一定要躺下来休息)；1：20到校学习至2：50；下午及晚上基本按照学校的课程表安排学习。同时，课间休息也是十分必要的，最好离座走动一下。中午学习不必很紧张，有空不妨看看报纸和杂志，既可以放松大脑，又可以为作文积累素材。一周之中一定要为自己安排一个放松的时间，如周六晚上或周日上午，完全丢开学习，放松身心。

"学习计划不必专门拟订成文，定好时间安排后，可利用晚上睡前几分钟对第二天学习的具体内容做个规划。此外，如果有偏科情况，可在晚上放学后适当加以补习，但时间不宜过长，必须保证充足的睡眠。安排学习时，最好征求一下老师的意见，尤其是弱势学科，更要重视老师的看法。"

从这份学习计划安排中，我们看出了这个男孩在时间的分配上比较合理。

时间是最宝贵的资源，合理安排时间就是"预算"生命。作为父母，我们若希望孩子能高效学习，就应该引导他们根据自己的学习目标，对时间做出总体安排，也就是建立好自己的生物钟，对每一天的学习、生活活动，都要列出一张活动顺序表来。当然，无论孩子建立怎样的生物钟，我们都应该督促他做到专注，尤其是对学习，因为只有专注才能产生效率。

功课毫无头绪好心烦——为孩子量身定制一份学习计划

可能很多家长会发现，你的孩子很懂事，即使你不叮嘱，他也了解学习的重要性，他一直都知道要做个优秀的学生，努力学习，希望可以走在队伍前列。但事实上，要学习的内容太多了，他们似乎总是力不从心，这让他们很心烦，而越是心烦，越是没办法认真学习，越是耽误时间，这是为什么呢。

心理学家认为，人在拥有众多目标的情况下反而无法专注。对于孩子来说，学习任务多、缺乏计划，容易产生焦躁情绪而无法继续投入学习。对于这样的情况，其实我们应该为孩子制订一个合理的学习计划，

从人生成功的角度讲，统筹规划的意识和能力是一个要做大事的人取得成功所必须具备的一项重要素质，而这种素质只能在从小就习惯制订具体的学习计划并严格执行的实践中才能培养形成。

某小学每个月的家长会又来了，这次家长会的主题是"如何帮助孩子高效地学习"，家长会的目的也就是众多的家长一起交流心得，互换教育的意见，为孩子找出更好的学习方法。在这一点上，丹丹班上的学习委员李璐的母亲，似乎很有经验。

"李璐是怎么学习的呀？"很多家长凑在一起讨论。

"听说，你们家李璐并不是每天晚上做题到深夜，我每天罚我们家王刚做好些习题，可是学习成绩就是不见好啊，这是怎么回事呢？"

"是啊,我看我们家儿子也是,每天回来忙忙碌碌的,有时候,饭都顾不上吃,努力学习,可学习成绩还是处在中等水平。"

"孩子学习任务越来越重,得重新帮他制订一个合理的学习计划了,不然学没学好,玩没玩好,孩子是两头受累啊!"李璐妈妈的一句话惊醒了在座的很多家长。

当然,孩子的学习计划应该由他自己来制订,家长所要做的应该是从旁协助的工作:帮助孩子把学习计划合理完善、监督孩子的执行、结合实际提出修改意见等,而不是越俎代庖,按照自己的希望亲自制订。

那么,父母应该怎样帮助孩子制订学习计划呢?最好遵循下列几点要求:

要求一:合理安排时间,制订出作息时间表。

比如,你可以让孩子制订出一张作息时间表,让他在表上填上那些非花不可的时间,如吃饭、睡觉、上课、娱乐等。安排这些时间之后,选定合适的、固定的时间用于学习,必须留出足够的时间来完成正常的阅读和课后作业。完成这些后,你要看看他在时间上的安排是否合理,比如,每次安排的学习时间不要太长,40分钟左右为最佳。学习不应该占据作息时间表上全部的空闲时间,总得让孩子给休息、业余爱好、娱乐留出一些时间,这一点对学习很重要。一张作息时间表也许不能解决孩子所有的问题,但是它能让你了解孩子如何支配他这一周的时间。

要求二:学习任务明确,目标切合实际。

孩子制订完学习计划后,家长应当加以审核,要确保孩子学习任务明确,目标符合实际,因为很多孩子制订学习计划时,总是"雄心勃勃",一天的时间恨不得要完成一周的任务。这样不切实际的目标往往是计划不能正常执行的主要原因。

还有一些孩子,制订的学习计划很模糊,比如,晚饭后背外语;睡觉前温习课文等,这种计划看似没有什么错误,似乎也足够具体,但实际效果并不如意。这种任务虽然可以给孩子一种学习的方向感,但并不具体,以致孩子到了执行计划的时候,会不知从何开始。如果把目标再具体细化到:晚饭后背单词十个,睡觉前温习第几课课文,晚上八点半整理出三角形公式。这样效果会更好。而且如此具体的任务分配也有利于孩子自检任务完成状况。

要求三:学习计划应与教学进度同步。

父母在帮助孩子制订学习计划的时候,一定要注意这点,只有这样,孩子才能把预习和复习纳入学习计划。这就要求,在制订学习计划时,要以学校每日课程表为基准,参照学校老师的授课进度，再让孩子结合自己的学习状况制订计划。计划有多种：比如日学习计划，可建议为某门落后的功课或某门感兴趣的功课多安排些时间；还可以制订单元或专题复习计划，有计划地学习。

要求四：计划应该简单易行而富有弹性。

正常情况下，计划都应该严格按时完成，但孩子的生活要受很多因素影响，难免会有特别的情况，这就要求计划不能过于僵死呆板，要有一定的灵活性，可以不至于因为一个环节不能完成而打乱后面的所有计划。同时，学习计划也只是一个学习的构想，千万别把计划定得过于详细、紧凑。而且，如果刚开始孩子没有按质按量地完成学习计划，也不可责备孩子，因为这样会打消孩子的积极性。

家长在帮助孩子制订计划后，还要监督和协助孩子执行计划，通过科学地安排、使用时间来达到这些目标，要以充足的睡眠、合理的进餐与有序的学习相结合，否则，即使再完美的计划，也只是纸上谈兵！

我就是不想写作业——孩子有严重的作业"拖延症"怎么办

作业拖延是广泛存在于儿童学习当中的一种不良行为习惯，这种行为如果不及时得到纠正，延续到青少年和成年，会造成时间和精力的巨大浪费，效率低下，降低自尊和自信心，并伴随焦虑、内疚等消极情绪体验，对孩子的发展和心理健康极为不利。

下面是一位妈妈的教育苦恼：

我儿子叫小凯，今年12岁，六年级。从四年级的开始，他就无法完成学习任务，逐步养成了拖延逃避的坏习惯。到了五年级，要学的知识越来越多，难度也逐步加大，学业负担加重，需要投入更多时间。但是这个时候，他的拖延行为就更加明显，在课堂上写作业时，其他同学都很认真，可他要么玩笔，要么和同桌说话，要么趴桌上一动不动，就是不愿意写作业，即使老师反复提醒也无济于事，往往是到了快下课时才开始动手写。

在家里，为了能让他好好学习和写作业，我们单独给他提供了一个书房，让他一个人独立完成，可是他在半个小时内却只写了6个字，需要我在一旁陪伴督促，即使这样，在写作业的过程中也会左顾右盼，摸东摸西。写的字缺笔画少点，遇到难题也不愿意动脑筋思考，只会向我求助完成。孩子他爸经常因为儿子不能按时完成作业而大发雷霆，但无论我们怎么教育他，他依然我行我素，我们都愁死了。

和案例中的这位男孩一样，很多孩子在学习上都存在拖拉的习惯，明明晚上八点能写完，非要拖到十点，周末作业明明周五就能完成，非要熬到周日晚上，这让很多家长伤透了脑筋。对此，在这里要强调一点，对有拖拉行为的孩子，家长要讲究教育方法，要因材施教，不能过分严厉，尽量避免给孩子造成心理压力。以下是几点建议：

1.改变思维，接纳孩子

父母之所以会对着孩子大吼大叫，抓狂不已，是因为家长觉得这些题目很简单，而且孩子已学过，所以孩子应该会，而且必须会！

但是我们的这种想法合理吗？很明显是不合理的。因为我们是站在大人的角度去理解，于是我们觉得简单，可对于孩子未必是简单的。

我们一看到他不会做，就固执地认为他是因为上课不专心听讲，所以才不会。但回顾我们的上学时代，我们是否也有过望着老师、望着黑板依然不知所云的时候？

所以我们要从孩子的角度去理解，孩子有不会的理由。只有真正理解孩子了，我们才能平心静气地想办法帮助孩子。

2.放低要求，适当辅助

教育孩子要循序渐进，我们不能一开始就要求孩子达到某个高度。特别是对于磨蹭的孩子来说，我们可以先要求孩子自觉完成作业，不必要求孩子字字端正，题题正确。

对于孩子不会做的题目要及时给予辅导，耐心详细地为孩子解答。不必一定要孩子自己思考解答，以免难题越积越多，产生畏学情绪。

3.不滥惩罚，多给鼓励

有些父母喜欢在孩子做完作业后又临时增加题目让孩子做，又或者一发现孩子有错题，就要求孩子重抄重做。

这样没完没了地写作业，很容易让孩子对作业产生厌倦心理，变得不想写，或者故意拖慢写。反正写完还有其他的，又何必写那么快呢？

在孩子写得好、写得快、写得认真、写得对的时候，或者哪怕是有小小的进步，我们也应该及时给予表扬和鼓励，让孩子体会做作业的快乐。

4.让孩子体验早完成作业的快乐

因为孩子习惯了磨蹭，所以体会不到早完成作业的快乐。父母可以给孩子创造早完成作业的机会，让孩子体验下早完成作业的快乐：例如自由玩耍。

5.慢慢培养良好的作业习惯

体验过早完成作业的快乐后，孩子虽愿意改掉磨蹭的习惯，但因为磨蹭已成习惯，要改掉也不是一朝一夕的事。所以在改掉磨蹭习惯的过程中，有时也会出现发脾气不想改，又回到原状的情况。此时，家长要理解孩子，不责骂孩子，任由孩子发泄。他们发完脾气后会继续认真做作业，逐渐地，他们能专心做作业的时间越来越长，好习惯也会慢慢形成。

6.逐渐放手

当孩子的好习惯养成，能专心做作业了，家长就要逐渐减少辅助的时间，让孩子慢慢学会独立解决问题，独立完成作业。

总之，如果方法得当，孩子写作业磨蹭的习惯是可以改掉的。有的孩子改掉一个习惯可能需要坚持一到两个月，而有的孩子可能需要更长时间。但相信只要家长用心陪伴，耐心引导，孩子是会一天天进步，慢慢改正的。

不要浪费一分钟——告诉孩子别忽视微不足道的零碎时间

人们常说，时间是珍贵的，但也是在一分一秒中被浪费掉的。每个人一天只有24个小时，所以应该珍惜时间去充实自己。随着时代的进步，人们对时间的意识和控制也越来越强。著名的海军上将纳尔逊曾发表过一项令全世界懒汉瞠目结舌的声明："我的成就归功于一点：我一生中从未浪费过一分钟。"达尔文说："我从来不认为半小时是微不足道的一段时间。"雷巴柯夫曾说："用分来计算时间的人，比用时计算时间的人，时间多59倍。"

一个人如果认识到时间的重要，看到自己水平不高，感到时间的紧迫，就会自觉地去利用零碎时间。成长期的孩子都有贪玩的天性，他们的时间意识淡薄、时间观念不强，需要父母的引导和协助。我们不但要帮助他们训练时间管理能力，更要让孩子学会更精细的计时方法。要知道，对时间计算得越精细，事情就做得越完美，无论是学习还是做事，如果孩子能以分为单位，对那些看起来微不足道的零碎时间也能充分加以利用，孩子的收获会更大，我们再来看看那些成绩优异的学生是如何利用时间的。

一位学习成绩优异的小学生说："不要忽视了零碎时间，坚持将这些零碎时间利用起来，就会发现大有用处。我记得从三年级起，我就利用每天早上早操之前的10分钟背诵英语单词。结果小学毕业时，我已经将中学的词汇量都掌握了。"

另外一位学生也说："我非常注重零散的时间，在等车、坐车、吃饭、行路时都带着卡片，时不时拿出来瞧两眼，日积月累效果还蛮不错。"

可见，我们要想孩子取得好成绩，就要充分利用一切可利用的零碎时间。而从另一个角度来看，与零碎时间相比，大块时间的脑力劳动其实更容易导致疲劳的积累，使工作效率受到很大影响。零碎时间的学习能保持大脑的兴奋状态，效果极佳。而且，对于学习阶段的儿童来说，利用零碎时间学习一些必须熟记的生词、公式、规则等，有利于反复记忆，加深印象。

利用零碎时间的技巧很多。比如，我们可以告诉孩子准备一个随身携带的小本子，记上要背的单词和知识点，有空就读一遍；在起床、洗脸、刷牙、就餐等活动场所的墙上，钉上一个和视线等高的小夹子，夹上一张卡片，卡片上写上当天要背的单词、公式等；还可运用录音机，把要背的知识内容录下来，吃饭、洗脚的时候都可以听。总之，利用零碎时间反复记忆，不仅能明显提高我们的学习效率，还能培养孩子养成分秒必争的好习惯。

不得不说，现代社会的孩子，压力更大，可以用来娱乐和休闲的大块时间很少，因此，赢得时间就十分重要了。不少人认为那些零散的时间没什么用处，其实这些时间看似很少，但集腋能成裘；几分或几秒的时间，看起来微不足道，但汇合在一起就大有可为。

事实上，每天很多时间就是这样流失掉了，例如等车、排队、走路、搭车时，可以用来背单词、打电话、回邮件等。每个人一天的时间都一样，但是善于利用零碎时间的人，就能得到更多的益处。具体来说，我们可以告诉孩子从以下几个方面把零碎时间充分利用起来：

1.善于利用等待的时间

我们每天都会有一些时间是处在等待中的，这些时间或许让人觉得很无聊，如果你拿出平常准备的问题本，进行回忆和思考，那么，一段时间后，你的记忆力就会提高。

2.善于利用走路或坐车的时间

不少孩子上学都是乘坐公交车，你可以告诉他在这段时间内，思考一些工作中遇到的问题，也可以听一些英文单词，关键是要有问题意识和善于思考的习惯。

3.善于利用睡觉前的时间

事实上，人们在躺上床之后，进入睡眠状态还需要一段时间，这时，你可以让孩子回顾这一天的做事、学习的情况，起到回忆和思考的作用。

有人说，人的心理很微妙，一旦知道时间很充足，注意力就会下降，效率也随之降低；一旦知道必须在单位时间内完成某事，就会自觉努力，从而效率大大提高。比如，如果孩子坚持每天读十页文章，哪怕坚持读一页，一年就是三百六十五页，十年即三千六百五十页呢；但是如果每天落后别人半步，一年后就是一百八十三步，十年后即十万八千步啊！可以说，人的潜力是很大的，善于利用零碎时间，通常不会影响心身健康，但却可以有效地提高做事效率，何乐而不为呢？

我总是记不住知识——帮助孩子寻找适合的记忆方法

记忆力差是很多孩子苦恼的事情之一，课上学的知识很快就忘记了，有时候一个单词本来已经记下了，可很快又忘记了；做事丢三落四。这就是记忆力差。然而，孩子为什么记忆力差呢？一方面是孩子记忆方法不正确，另一个原因就是记忆时注意力不集中，而能做到学习手脑并用且认真专注的孩子，记忆力更强。为此，很多记忆专家指出，注意力与记忆密切相关，增强孩子记忆力的方法与提升孩子注意力的方法有异曲同工之妙。我们来看下面的案例：

这天放学后，伟伟回到家，妈妈赶紧叫住他，对他说："儿子，上次听你说你最近开始记忆力很差，好像记不住知识点，是吗？"

"是啊，我都怀疑自己得了健忘症。"

"不是，学习压力大了是会这样的，昨天我特意加了单位张姐女儿的微信，那孩子是去年我们市的文科状元，我请教了一下她的记忆方法，她说可以用目录记忆法和闭目回想法，具体是什么，我不懂，不过他已经传给我具体的操作方式了，你看看。"

说完，妈妈拿出手机，给伟伟看具体方法。

"目录记忆法"：首先不要直接背内容，先把大目录背牢，然后再背小标题。这样体系建立了，各历史事件的关系也更明了了，对整本书的理解也会加深。在背目录和小标题的时候会有很多新的领悟，直接背史实是很难体验到的。

"闭目回想法"：先闭上眼睛，然后回想书上某页的画面，然后你可以自己去填充里面的具体内容了。如果发现有个地方怎么也想不起来，就马上翻书，仔细地把这个盲区"扫描"一遍，然后继续闭上眼睛回想下面的内容。这种方法对于加深记忆非常有效。

提高记忆力的过程，实际上也就是克服遗忘的过程，培养良好的记忆能力也不是什么不可能的事，只要你能在学习活动中进行有意识的锻炼。以下是八种增强记忆的方法：

1. 兴趣学习法

兴趣是最好的老师，这话并不是毫无根据的。如果你对学习毫无兴趣，那么，即使花再多的时间，也是徒劳，也难以记住那些知识点。

2. 理解与记忆双管齐下

理解是记忆的基础。只有对知识点加以分析，然后理解，真正了然于心，才能记得牢、记得久。仅靠死记硬背，则不容易记住。对于重要的学习内容，如能做到理解和背诵相结合，记忆效果会更好。

3. 科学用脑

在保证营养、积极休息、进行体育锻炼等保养大脑的基础上，科学用脑，防止过度疲劳，保持积极乐观的情绪，能大大提高大脑的工作效率。这是提高记忆力的关键。

4. 集中注意力学习

其实，课堂上的时间是最好的学习和记忆时间，充分利用好了课堂时间，课后只要稍花时间，加以巩固，就能真正获得知识。相反，如果精神涣散，一心二用，就会大大降低记忆效率。

5. 及时复习

遗忘的速度是先快后慢的。对刚学过的知识，趁热打铁，及时温习巩固，是强化记忆痕迹、防止遗忘的有效手段。

6. 多回忆，巩固知识

要真正将某项知识记牢，就要经常性地尝试记忆，不断地回忆，这一过程要达到的目的是，可使记忆错误得到纠正，遗漏得到弥补，使学习内容难点记得更牢。

7.读、想、视、听相结合

可以同时利用语言功能和视听觉器官的功能，来强化记忆，提高记忆效率，比单一默读效果好得多。

8.掌握最佳记忆时间

一般来说，上午9：00～11：00，下午3：00～4：00，晚上7：00～10：00时，为最佳记忆时间。利用上述时间记忆难记的学习材料，效果较好。

总之，知识的积累，就像建造房子，从砖到墙、从墙到梁，是一个循序渐进的过程。作为家长，我们也要告诫孩子，在学校的时候也一定要掌握一定的方法，这样，复习的时间不需要很长，但效果会很好，磨刀不误砍柴工，就是这个道理！

努力了为什么还学不好——告诉孩子效率比努力更重要

对于学习阶段的儿童来说，学习尤为重要，因此，在学习过程中，我们会教导孩子要加倍努力、孜孜不倦，孩子也会认真学习，但努力学习却不一定能带来好成绩。其实他们忽略的是，学习，最为重要的不是努力，而是效率。那么，怎么提高学习效率呢？关键要学会管理时间，才能严格执行自己的学习目标，才能真正看到良好的学习效果，我们来看看下面这位小学生的心声：

"我的学习还不错，但是我还想让自己的成绩更上一层楼。我也不知道自己怎么搞的，我每次定的目标都不会实现，比如说，我双休日打算复习什么功课或者做某件事，都不会按我的计划进行。我学习上还有一大阻碍，就是外语，看见那密密麻麻的单词，我就头疼，我怎样才能做好呢？"

这可能是很多孩子的心声，他们也想努力达成学习目标，但似乎总是事与愿违，而没有严格执行学习目标又会让他们产生心理压力，于是，恶性循环下去，他们的目标收效甚微。其实，一味地加大学习时间和学习难度，并不是明智的学习方法，重要的是找到提升学习效率的方法。具体来说，我们父母可以给孩子以下几点建议：

1.帮助孩子寻找大脑活动的规律

很多时候，我们总是希望孩子可以多学一点，我们希望孩子能不断挑战自己，以此来达到更好的学习效果。实际上，这样是违背大脑活动的规律。在学习过程中，如果学习材料难度过大、时间过长，都会使大脑皮层从兴奋转入抑制状态，会使人产生疲劳感。因此，当孩子学习出现疲倦时，就应该让他采取积极有效的休息措施，以恢复大脑功能。

2.引导孩子养成固定的时间规律

对于生活和学习，我们应该告诉孩子有个安排，并尽量做到按计划行事，不要轻易打乱自己的时间规律，也只有做到劳逸结合，才能高效地学习，而如果你的孩子学习不遵循规律，今天挑灯夜战，明天昏昏欲睡，这样又怎么能搞好学习呢？

3.督促孩子严格作息

我们最好成为孩子作息上的标杆，让孩子跟随自己的时间节奏来，全家人都做到早睡早起、形成好的生活和学习氛围，同时激发孩子的学习热情。

4.让孩子学习采用多种感官

你要告诉孩子做到耳到、眼到、口到、手到、心到多种感官并用，也就是说，我们要告诉孩子不但要学会听老师的讲授，还要学会听同学们之间关于学习问题的讨论；不但要看教材，还要看板书和资料；不但要学会背诵关键知识，还要学会复述；不但要记老师的板书，还要做好阅读笔记；不但要带着耳朵听讲，还要用心听。学习时耳朵、眼睛、嘴巴、手、心配合起来，就能产生很好的学习效果。

5.为孩子创造良好的学习环境

我们要告诉孩子把学习变成一件主动的事，因为一个人只有积极主动地学习，才能产生热情，才会体验快乐情绪，也才能静下心来真正搞好学问。

6.督促孩子在最佳时间段内学习

一个人在一天的不同时期，大脑活动的效率是不同的，在制订学习计划前，就应该让孩子先了解自己一天中学习效率的变化特点，然后根据这一规律来安排学习活动。当然，我们还应该将这一原则运用到一周、一个月的计划安排中。

7.要让孩子巩固锻炼习惯

有条件的话，要带领孩子坚持早晚各进行15分钟的慢跑活动，在3000米左右，如果没有场地可以考虑爬楼梯。身体苏醒了，心理状态也苏醒了，学习其实与心理过程很有关系。

8.引导孩子多做积极暗示

在心理学上，有个"心理暗示"的说法。比如，如果你经常给自己暗示"我每次定的目标都不会实现"，那么，你就等于给自己贴了一个消极的"标签"。于是，你就会在不知不觉中放弃了努力，目标就真的不能实现了。这似乎又提供了证据，定的目标就更难于实现了。有鉴于此，你最好告诉孩子要经常鼓励自己："我一定能完成"，在积极的暗示下，他的学习效果才会向良性的方向发展。

做到以上几点，相信你的孩子能有效地提高自己的学习效率，最终完成自己的学习目标。

第08章

理清头绪，告诉儿童着手前要找到方向

人们常说，磨刀不误砍柴工。做任何事，做足准备能有效提升做事效率。在做事的准备工作中，最为重要的一条就是先找到方向，目标与方向不确定，做得再多也是徒劳。这一点，是提升儿童时间管理能力培养中的重要一课。然而找到方向，需要儿童从各种事务中理清头绪，这样才能真正让孩子学会管理自己的时间，提升学习和做事效率。

总是陷入混乱之中——帮助和引导孩子做时间规划表

生活中，不少父母和孩子已经认识到效率在我们的生活、工作和学习中的重要性，但却很少有孩子能真正能充分利用时间，提高做事和学习效率。这是因为他们缺乏计划性，不能让生活和学习充满计划性。

制订时间计划表是让生活和学习具有计划性的良好方法。也许孩子们认为制订时间规划表是一件费时费精力的事，然而，如果不做计划，那么，他们很容易陷入混乱中，比如，在很多要做的事中，他们很难分辨出哪些事是重要的部分，更别说最重要的部分，因此，家长要帮助和引导孩子做时间规划表，这样，孩子能在学习和生活中做好平衡，能抽出更多时间享受娱乐。

具体的时间规划要根据孩子的个体情况而定，每个孩子的条件不一样，为孩子制订的时间规划表也要做出调整。我们不妨先来看看下面这位学生的心得：

"马上就要期末考试了，要考试就要复习，然而，我认为复习绝不能毫无计划性。所以，妈妈告诉我，必须要制订时间规划表，然后才能督促自己按照计划表去复习。

"那么，这个学习计划怎么去安排呢？包括哪些内容呢？在制订规划表之前，我认为先应该给自己做一个中肯的评价、评估,应该做一个自我测评。比如离考试还有两周,此时,你的复习进度如何。

"制订复习的计划,首先应该在时间上有大的安排,比如现在只有周六和周日有大块的复习时间,那么,你在一天当中,上午是复习语文、英语,下午是复习数学。现在考试有三门课,每科不须要花均衡的时间。如果英语比较薄弱,可能花30%~40%的时间来攻克它。如果数学比较强,可能只花10%的时间。一般来说,这个时候自己的弱项一定要多花一点时间。

"对学科中的弱项也是一样,如每天有两小时复习语文,在进一步分配时间时,如果你在古诗方面比较弱,就要多分配一点时间。"

不难看出,案例中的这位学生的复习时间安排是合理的,那么,在日常的生活和工作中,具体的时间表该怎么制订呢?作为父母,我们不妨引导孩子从以下三个方面来进行划分:

1.长期的活动安排表

这可以是一年的,也可以是一个月的,也就是长期的活动安排表,因为时间较长,为了避免忘记,你可以让孩子把这份主要活动时间表抄在一张大一点的卡片上,贴在桌子上或夹在笔记本里,这样他就不会乱成一团糟了。更重要的是,孩子还可以设想表中的空格就是他可以用来做其他必须做的事情的时段。

2.详细的一周时间表

如果有一份一周时间表作指导,有些人会做得更好。一周时间表是一张扩大的总时间表。假如你的孩子到了高年级、学习很紧张，但可以预先估计的话，他会需要一份详细的一周时间表。这种时间表只要在每月开始时安排一次就行了。

下面一个简单的示例：

上午6：00~7：00。准时起床，可以避免狂奔乱冲和狼吞虎咽的早餐（或干脆不吃）。

下午12：00~1：00。用一小时来从容地吃午饭。

下午6：00~7：00。晚饭前放松一下。孩子已经认真地学习了一天，这是应得的报偿。

晚上7：00~9：00。身体是革命的本钱，不要忽视运动对身体的益处。

晚上9：00~10：00。避免开夜车，做一些简单的阅读工作，然后就寝。

3.日时间表

你可以为孩子制作一张能随身携带的每日时间表，一张学生证大小的卡片正合适，孩子可以将它放在口袋里，这样，他需要的时候就可随时查看。

每晚睡觉前，可以督促孩子看一下总时间表，了解一下第二天要去做哪些事，哪些事要先做完，哪些事并不着急，并且有多少空闲时间，然后让他在一张卡片上草草写上第二天的计划：要办的事，体育锻炼，娱乐及他想参加的其他活动，给每一项活动规定时间。这样花费五分钟是非常重要的。这是因为：

第一，把安排记在卡片上随时可查阅，这样可使孩子的脑子不会一片混乱。

第二，能将未来的一天先在脑子里过一遍，好像这样就开动了一个心理钟，孩子就能按照预定的时间行动。

注意，每日时间表是以时段为基础组成的，不是由小片时间组成的。给每一个题目或活动规定一段时间将保证你工作的效率最高。

我能记住要做的事——鼓励孩子养成做备忘录的习惯

生活中，相信不少父母都有这样的苦恼：为什么孩子记性这么差，比如，出门前叮嘱的几件事，他总是忘了；第二天去旅行，原本一切都已安排妥当，但孩子不是忘了这个就是忘了那个；老师课堂上兴致勃勃地讲解知识，孩子也认真听了，但是晚上回来复述的时候，孩子能记住的往往寥寥无几；所以，老师会提醒学生们做课堂笔记,同样,在生活和学习中,因为需要记住的事有很多,父母最好建议孩子养成做备忘录的习惯,以此来减少重要事件被遗忘的可能。对于每天忙于学习和生活的孩子,如果整天战战兢兢地去回想待办事项,有哪些重要的事或尚未处理的事,那么效率一定会受到影响。

事实上,那些学习效率高、时间管理能力出众的孩子,都会有做"每日备忘录"的生活习惯。我们可以让孩子把能想到的、现在想做或计划立即做的,以及将来要提及的事情都记录在上面。每日备忘录只是一种帮助记忆的手段,几乎每个人都会用这种方法提醒自己要做许多事情。

这样,每天早上,或者头一天晚上,孩子只要花费一些时间打开当天的备忘录,就能按部就班地完成计划的事。减少了不必要的时间支出,孩子的学习做事效率也会因此提高很多。节省下来的时间,孩子就可以放到其他事情上,比如,和小伙伴玩耍、听故事、做运动等。

通过这个方法，孩子也能获得进步和成长，只要找到最近的活动，孩子就能发现自己是否有停滞不前的或者努力的记录，从而敲响警钟或获得激励，更有的放矢地走向新的目标和方向。

另外，因为每日备忘录是一种对时间的管理，更能帮助孩子有计划地做事、生活，因此，它还能帮助孩子抑制冲动，比如，原本孩子打算和小伙伴出去踢球，但是备忘录提示十分钟后他要进行英语听力，那么，孩子再想到踢球这件事时，就没有那么强烈的愿望了。

做备忘录的另一个作用是激发孩子的思维。也许，你问孩子关于某件事的看法，他可能会按照自己的想法表达出来，你可以让他将问题的答案写在备忘录上，当后来你再提醒他翻看备忘录时，不妨让他忘记那个答案，对这件事再重新进行评估和判断。这样做了之后，可能你的孩子会惊异地发现，自己曾经做过多少仓促决定，从而再次深度分析总结这次事件，让思维产生出新火花。

当然，要让备忘录对孩子起到有效的提醒功能，还是不能简单地将事件记录下来，而是要让孩子学会如何做备忘录以及运用它。你可以引导孩子把写下来的备忘录分阶段放在纸袋或信封中按序排好，养成好习惯，在固定时间和位置拿出来检查一番，这样就能让所有事情井井有条。

想让孩子巧妙运用"每日备忘录"，还需要我们让孩子从以下几个方面努力：

1.按时间段来整理备忘录

孩子可以选择一些大信封、卷宗、文件夹、抽屉或者盒子来做每日备忘录。可以按照日期，如从1号到15号的放在一起，15号到月底最后一天的放在一起，并按照日期将它们编码。

2.养成在固定时间查看备忘录的好习惯

真正让备忘录对孩子的生活和学习起到积极的作用，最好让孩子养成习惯，提醒他每天早上去看看自己记了些什么事情。

比如，如果孩子决定周末早上去购买复习资料，那么，你不妨让他在备忘录的日期上做个记号，并在旁边注明需要早起。也许你的孩子会偶尔忘记一些事，你可是只要每天早上检查每日备忘录，他就不会忘掉它们！

读到这里，想必你大概明白为什么从前你的孩子总是丢三落四、总是手忙脚乱了吧。孩子将每天要去做的待办事项一一做备忘录，他就能事半功倍。当然，这需要我们父母对孩子进行监督，促使其养成习惯，真正帮助其提高时间管理能力。

事情太多太烦琐了——引导孩子运用四个步骤来划分做事顺序

我们都知道时间的重要性，时间转瞬即逝，但时间对于每个人来说也是公平的，每个人每天都只有24小时，不多一分，也不会少一秒。如果你不合理利用，生命就在不知不觉间浪费了。对于孩子来说也是如此，每个孩子都要趁着年少努力充实自己，才不至于让人生虚度，徒增遗憾。然而，他们每天也有太多烦琐的事，有的重要，有的不重要，有的紧急，有的次之，面对大大小小的事，我们只有引导孩子做好时间管理工作，将24小时进行合理分配，将每天的事情按照轻重缓急进行划分，他们才能提高做事效率，让时间增值。

那么，我们的孩子该如何划分时间，我们又该如何引导呢？

直觉来看，我们要按事情的紧急程度来安排时间，排在第一位的是最紧急的事，然而，在很多家庭中，无论是孩子还是家长，每天都将很大一部分时间花在了那些紧急的事情上，最终的结果是他们到处"灭火"。他们原以为这样做很有成就感，很有价值，但实际上，这种做事的方法好不好呢？难道越忙，就表示成效越大？

毋庸置疑，答案是否定的。因为即便是那些看起来很紧急的事，也要分重要和不重要的，一直忙于那些看起来紧急却并不重要的事，其实是没有多少价值可言的，如果将宝贵的时间都浪费在这些事件上，那么，即使你24小时不休息，也会毫无所成。

对此，我们可以运用四个步骤来进行更为细化的划分，这四个步骤是：既紧急又重要、重要但不紧急、紧急但不重要、既不紧急也不重要。

按处理顺序划分：先是既紧急又重要的，接着是重要但不紧急的,再到紧急但不重要的,最后才是既不紧急也不重要的。

接下来,我们对这一方法进行更为细致的了解和分析:

1.第一顺序是重要又紧急的事

对于成长期的孩子来说,这类紧急事件可能有,受伤需要紧急就医、路遇歹徒、马上上学要迟到等。这类事件,一般来说,也是不易处理的,考验的是孩子的经验、判断能力和应变能力,如果拖延的话,事情就有可能变得更难处理甚至无法处理。

2.第二顺序是重要但不紧急的事

这类事情有学习和生活规划、问题的预防和发觉等,如果将这个领域荒废,就有可能导致事情逐渐移至第一顺序,使孩子的学习压力加大,甚至无法挽回。事实上,很多重要又紧急的事都是经过了这样一个量变的过程。只有做好事先的规划、准备与预防措施,才能避免很多急事的产生。

3.第三顺序是紧急但不重要的事

这里,最需要注意的是一定要第一顺序区分开。一些孩子可能会产生错觉,认为这顺序的事也很"重要",但事实上,父母要告诉孩子,这只是对于别人来说是重要的,而不是你的。比如电话铃声、不速之客、部门会议都属于这一项目。很多时候,人们为这些事忙得焦头烂额,却只是一直在为别人"效劳"。

4.第四顺序是不紧急也不重要的事

从某种程度来讲,你的孩子,如果总是把时间浪费在上网、闲谈、玩游戏上,那就是浪费生命了。实际上,这类活动并不是愉悦身心的休闲活动，只会让他们感到空虚。

在帮助孩子了解了这一划分顺序后，你可以让孩子回忆一下他的生活和学习：在哪个顺序的事项上花的时间最多？请注意，在划分第一和第三顺序时要特别小心，急迫的事很容易被误认为是重要的事。其实二者的区别就在于这件事是否有助于完成某种重要的目标，如果答案是否定的，便应归入第三顺序。

另外，在帮助孩子学习这一方法中，我们要告诉孩子注意第二类和第三类的顺序问题，小心混淆。另外，也要注意划分好第一和第三类事，这两类事都是紧急的，区别就在于前者能带来价值，实现某种重要目标，而后者不能。

因此，作为父母，如果你的孩子总是天天忙于学习，但却效率很低，你就可以引导孩子按照以上方法划分待办事项和待学习的内容。它会让孩子的生活变得高效，让学习不再是负担。

重要的事却没时间做——告诉孩子要将重要的事安排在最有效的时间内做

时间就是金钱，时间就是生命。对于贪玩的孩子来说，他们似乎总觉得时间不够用，总是觉得效率不高，最重要的是，一些在他们看来重要的事似乎总是被落下，这是为什么呢？其实，这主要是因为这些孩子缺乏时间规划能力，他们总是根据自己的心情做事，于是，那些重要的事就被他们忽略了。每个人的精力都是有限的，当我们在工作或学习一段时间后，势必会觉得疲乏，那些最重要的事也就无心处理了。因此，在家庭教育中，我们一定要引导孩子做好时间规划，引导他们把重要任务放到最有效率的时间里做。

周女士是一位事业型女性，在毕业后的第五年，她从北京回到老家创办了自己的第一家公司。这家公司发展得很快，后来陆续开了第二家，第三家，那些员工都很羡慕她，因为周女士每天除了参加重要客户的会议外，其他事务都授权给年轻合伙人处理。

周女士虽是公司老板，但对于公司那些琐碎的行政事务，她从来不管，更不会插手过问。对于她来说，同客户交易、获利更重要。周女士的手上从不曾同时有3件以上的急事，通常一次只有一件，其他的则暂时摆在一旁。为周女士工作的人在时间效率上充满挫折感，因为同周女士比起来，他们的效率实在是太低。

不仅在工作上如此，在对孩子的教育上，周女士也有自己的心得，她从不要求孩子将时间排得满满当当，也不会压榨孩子的娱乐时间。她经常辅导孩子制订时间规划，诸如做题、背诵等学习任务，她会让孩子在早上做，而阅读故事书、听音乐则会放到晚上睡觉前，因为疲惫了一天，这些活动能帮助入眠。

因此，在妈妈的带领下，她的女儿也是个做事十分有规划和有效率的孩子。

可以说,周女士就是个善于管理时间的人,她的女儿也是如此。

在现代家庭中,我们看到很多家长和孩子每天都要面对繁忙的工作和学习,成人要应付来自公司、同事及上司、下属的压力。各方面的压力使他们疲于应对,却抽不出时间做真正该做的事:解决根源性问题、统筹布局。而孩子则需要面对学习中的繁重任务,他们缺乏娱乐和休闲时间,学习成绩却依然不理想。

事实上,有效利用时间,不是为了成为时间的奴隶,而是为了实现自己的人生目标。一切完全取决于是否能够成功管理自己的时间。而善于管理时间的人,并不会事必躬亲、眉毛胡子一把抓,而是懂得择优处理的原则,也就是在最佳的时间内完成最重要的工作。

专家认为,我们每个人每天效率最高的时间段是早晨的5:00~8:00,因为早晨,人们刚刚起来,头脑最清醒,注意力也最集中,周围的环境是最安静的,因此,如果在这段时间工作和学习,那么,一个小时就可能完成其他时间需要花费三小时的任务,如果能早早起床开始工作和学习,你甚至能在正常的工作时间来临前完成一天的工作,这样即将开始的一天就是你多赚出来的。

同样,我们可以把每星期的第一天作为黄金时段,处理完一星期最重要的事,把每月的第一星期作为黄金时段,处理完一个月最重要的工作。如果你做到了这一点，你就抢占了时间争夺战中的制高点，并获得了一支强大的时间预备队，无论将其使用到哪一个方向，都会在那里取得压倒性的优势。

那么，我们如何引导孩子在最好的时间段将效率发挥到最高呢？

以下是几点建议：

1.帮助孩子找到自己做事最有效率的时间段

一般来说，学校的作息是规律的，如早八晚五等，中午午休1个小时。同样是这么长时间，一些孩子能充分利用起来，一些孩子则无精打采、学习效率低。其实，后者也不是不努力，但是就是无法提升效率。实际上，他们并未找到自己学习最有效率的时间段，而如果他们能找出这一时间段，那么，便能让自己手中流逝走的每一分钟更加充满高效能。

2.告诉孩子在最优的时间段处理最重要的事情

很多孩子在做事时习惯于眉毛胡子一把抓，他们认为，所有的事都比较重要，有时候会为了一道难解的题不停地演算、求证等，但最后才发现，这道题对于他整体的学习成绩的影响是微乎其微的，根本不值得花很多时间去处理。因此，在日常生活中，我们应告诉孩子分清主次，在最优时间内处理最重要的事。

3.让孩子每天开始都制订一张优先表，把事情按先后顺序写下来

每天一大早，你就可以让孩子挑出最重要的三件事，当天

一定要能够做完。而且每天这三件事里最好有一件重要但是不急的，这样才能确保他不成为急事的奴隶。

把一天的事情安排好，这对于孩子来说是很关键的。这样他可以每时每刻集中精力处理要做的事。但把一周、一个月、一年的时间安排好，也是同样重要的。这样做给他一个整体方向，使他看到自己的未来目标。

真正懂得时间管理的孩子都是明白轻重缓急的道理的，他们在处理一年或一个月、一天的事情之前，总是按分清主次的办法来安排自己的时间。

当然，由于个体都存在差异性，每个人的生物钟是不同的，因此，每个孩子的黄金时间都是不同的。我们应该在生活中帮助孩子多体会，以便找出孩子的黄金时段并帮助孩子利用好它，达到做事一天等于两天的效果。

总是有做不完的琐事——告诉孩子要将精力放到重要的事上

作为父母，我们都知道，每个人的精力都是有限的，我们不可能做好所有事，同样，成长中的儿童也是如此，也就是说，我们培养儿童的实践管理能力，是为了提升儿童的学习和做事效率，但我们不可能要求孩子将每件事都做到完美。时间是绝对有限的资源，你选择了做某件事情，就隐含了你放弃做别的事情。"做别的事情"就是你的"机会成本"。所以,我们做事情的标准,不是"某件事有没有意义",而是"某件事是不是最有意义"。

什么事情都会有个度,追求完美超过了这个度,就会降低做事效能,毕竟我们每个人每天只有24小时,在一件事上消耗过多的精力,在单位时间内也就无法完成工作计划。

在儿童成长的过程中,我们要告诉他们,要想单位时间内的效率更高,要想让时间更有意义,就要将精力放到重要的事上。

许多家长都已经意识到了完美主义给自己带来的困扰,然而在孩子的教育问题上,他们却依然犯这样的错。他们生怕孩子错漏了什么而落后于其他人。事实上,从宏观角度做好时间管理,这能为孩子节约出很多被浪费的时间,也绝不会有太大的风险。

真正懂得如何利用时间的高手，一定是懂得如何舍弃的人。被我们羡慕的那些成功者们其实都不是神通广大的人，他们也不可能做到"一心几用"。那么，我们该如何管理时间呢？我们最需要掌握的一个原则是——确保自己永远在做最重要的事。

这一点，我们也要告诉孩子，实际上也就是确保了自己的时间一直都在被高效地利用。对此，你可以向孩子给出以下几条建议：

1.记录时间损耗

要提高时间的利用率，第一步就是记录其时间耗用的实际情形。事实上，许多善于管理时间的孩子都经常保持这样的一份时间记录，每月定期拿出来检讨。至少，往往以连续三四个星期为一个时段，每天记录，一年内记录两三个时段。有了时间耗用的记录样本，他们便能自行检讨了。

2.要专注，也就是说"一次仅做一件事"

很多孩子经常有一心几用的不良习惯，他们同时专注的事情太多了，什么都想做，什么都想管，结果什么都做不好。因此，你要告诉孩子，若要想提高效率，就应该从本质上消除"兼顾"的想法，一次仅做一件事。

3.学会舍弃一些不必做的事

将时间记录拿出来，逐项地问："这件事如果不做，会有什么后果？"如果认为"不会有任何影响"，那么这件事便该立刻取消。

然而许多孩子，天天在做一些他们觉得难以割舍的事，比如看电视、打游戏等，不知占去了他们多少时间。其实，对付这类事情，只要审度一下对于自己是否有用，如果没有，完全可以谢绝。

诚然，我们每个人都深知细节的重要性，细节虽然小，但若是不注意，就会酿成大错。因此，注重细节是做好一件事的前提。然而，不得不承认的是，我们做任何一件事，都不可能做到面面俱到，也不可能将所有事都做好，我们的孩子更是，如果一个孩子太过追求完美，那么，他一定会精疲力竭。

其实，时间在一分一秒不停地过，一切都不是静止不变的，生活也在改变，你要告诉孩子，即使你在这方面把事情做得很好，但再从另一个角度来看，或许就不是那么完美了。俗话说："计划赶不上变化。"无论你想把事情做得多么完美，那都是不可能的。你只有注重事情的细节，认真地尽心地把事情做得更好，而不应该苛求完美。

第09章
屏蔽干扰，良好的生活和学习环境让孩子更高效

我们都知道，环境对人的影响很大，瑞典教育家爱伦·凯曾经指出，良好的环境是孩子形成正确思想与优秀人格的基础。我们若要培养孩子认真专注的学习习惯，进而获得高效的学习效率，也要重视环境。这是培养儿童时间管理能力的重要内容，而这就需要父母从日常生活中开始注意培养，不可人为地造成对孩子的干扰，要尽量为孩子提供一个独立、安静的学习场所，让孩子的专注力、行动力能在环境的熏陶下得到大幅提升。

家里太嘈杂了——给孩子创造安静温馨的家居环境

父母都希望孩子能取得好成绩，能在未来成名一名优秀的人才。为了孩子不输在起跑线上，我们都会尽自己最大能力让孩子上最好的学校，给孩子请最好的辅导老师，但很多时候，孩子的学习效率依然不高，学习成绩也不见上涨。为此，不少家长气急败坏，认为孩子太不听话了。但其实，我们是否反思过，我们只把孩子的学习交给了孩子自身和学校老师，我们家长为孩子创造出好的家庭环境了吗？

现在，我们来回想下，你的家里是否经常出入很多亲戚、朋友？当你和其他朋友在家聚会、打麻将时，你似乎对孩子说过："你回房间学习，不要出来！"当你和爱人吵架时，孩子是否怯懦地站在一边，不敢说话？试问，这样吵闹的环境中，孩子如何集中注意力学习？想必即便是成人，也很难做到吧！

教育专家建议，父母要给孩子创造整洁温馨的家庭环境，这对孩子学习效率的提升和时间管理能力的培养十分重要。那么，具体来说，我们该怎么做呢？

1.保证家庭环境温馨和睦

温馨和睦、和谐的家庭有利于孩子的身心健康成长，能给孩子足够的安全感，让孩子心无旁骛地投入到学习中去。父母要努力为孩子构建一个温暖、和谐的家庭环境。夫妻之间要相互尊重，相互理解，即便发生矛盾也不要当着孩子的面争吵，以免让孩子因此感到焦虑和不安；父母要多和孩子沟通，尊重孩子，让孩子亲近和信赖，成为孩子最好的朋友。这样，孩子遇到学习上的难题，也愿意向父母倾诉，和父母一起寻求解决的办法。

2.为孩子准备一个安静的、不受干扰的学习环境

在安静的、不受干扰的环境中，孩子才能全神贯注地学习。在孩子学习的时候，家长要监督孩子远离计算机、电视机、手机和玩具等会分散孩子注意力的东西，不要让孩子一边学习一边做其他事。

另外，孩子学习的时候，家长也要克制一些，不要在同一个空间看电视、打麻将、大声谈笑，以免嘈杂的声音干扰孩子，让孩子难以静下心学习。

3.尽力为孩子准备独属于他的学习空间

在有条件的情况下，为孩子准备一个专门的房间让孩子安心学习。房间要整洁、明亮,不需要繁复的装饰,布置简洁舒适即可。电视不要放在孩子的房间里,玩具收起来放到柜子或箱子里,以免在孩子学习的时候分散注意力。没有条件的情况下,也最好为孩子准备一个学习角,安置书桌和椅子,让孩子有一个安心学习的地方。

4.父母在工作之余也不忘读书学习,为孩子做好榜样

父母是孩子第一位,也是最好的老师,父母的一言一行对孩子的影响是很大的。家长勤奋好学,在工作之余也不忘读书学习,刻苦钻研,不断地充实自己,不仅能为孩子树立一个热爱学习的好榜样,也在无形中传达一个暗示:学习是一件很重要的事情。在这样潜移默化的影响下,孩子会在不知不觉中提高对学习的兴趣,自觉地加入父母的行列,一起努力学习。因此,父母要以身作则,率先学习,在家中营造爱学习的氛围,成为孩子学习的榜样。

5.告诉孩子只要尽力就行,不要让孩子有过重的心理负担

家长不要硬性地给孩子制订一个分数目标,应让孩子在一种良好的心态下学习。

一个学生说,每次考试前,我爸爸都会告诉我"不要太在意考试结果,只要你尽力了就行",听到这句话,心里一下子踏实了,像吃了"定心丸"一样,学习效率也明显提高。可见家长对孩子的期望值不要太高。

6.适当监督,拒绝唠叨

家长的唠叨是每一个孩子最惧怕的。作为家长,我们都希

望孩子好，但我们说出来的话，孩子们都懂，他们更需要安静和理解。

孩子的学习，家长要对孩子监督，但说话要少而精，要有分量，不要一句话说多次，否则孩子就会反感。

不得不说，环境对人的影响是很大的，良好的学习环境能起到激励孩子努力学习，促进孩子身心健康成长的作用。家长要为孩子构建一个良好的学习环境，让孩子全神贯注地学习和思考。

总是被打扰怎么能好好学习——孩子学习时，对他减少干扰和刺激

我们都知道培养孩子时间管理能力的重要性，因为时间管理能力强的孩子，有较强的时间观念，懂得抓紧时间学习，更容易进入学习"状态"，也更容易取得好的成绩。而较高的学习效率首先来自专注，良好的注意力能提高我们工作与学习的效率。在我们的学习过程中，注意力是打开我们心灵的门户，而且是唯一的门户。门开得越大，我们学到的东西就越多。而一旦注意力涣散了或无法集中，心灵的门户就关闭了，一切有用的知识信息都无法进入。专注力缺陷，是许多学习效果差的学生的共同特点。

事实上，孩子无法专注不只是孩子个人的原因，家庭环

境、亲子关系和父母的教育方式等都会干扰到孩子,造成孩子专注力差。我们来看看下面的三个场景:

场景一:孩子正在认真做数学题,家长跑过来问:"要不要喝水,吃水果"。或者趿拉着拖鞋发出声音影响到孩子。

场景二:晚饭后,孩子本来准备在客厅弹弹钢琴,但爸爸妈妈要看电视,孩子只好作罢。

场景三:孩子正在给妈妈讲学校的事情,妈妈嫌他说不清楚,便打断他说:"好了好了,我知道了。"

这些看似不经意的举动和家庭环境往往容易导致孩子的专注状态被打断,以致孩子后面根本无法集中精力去做一件事情。所以,请家长们不要做破坏者,让孩子从容地做完他投入的"工作"。

那么,我们该如何在学习时减少对孩子的干扰呢?以下是几点建议:

1.保证孩子学习环境的安静,避免干扰

喧闹的家庭环境是分散孩子注意力的主要原因。年龄小的孩子本来注意力集中的时间就短,如果要他在父母的唠叨声、电视声、音乐声下做功课,就算他坐在了书桌前,又怎么可能专心地读书呢?

所以,孩子学习的时候,一定要努力为他营造一个安静的学习环境。

2.给孩子营造的环境不要有太多刺激

给孩子的环境不要有太多刺激,尽量营造比较舒适、安静的环境。此外，玩具也不要太多，会分散孩子的注意力。告诉他玩完一件放回去再拿一件，或者组合着玩，自己玩的东西自己收好。玩具种类也是有选择性，不要经常买新玩具，能有难度层次性的最好。

3.不要对孩子进行有意干扰

很多时候孩子无法专注学习，都是因为外界造成过多的干扰。所以家长想要培养孩子高效学习，最好能够减少一些外界对孩子的干扰。特别是家长要从自身做起，减少在孩子注意力集中的时候对孩子进行干扰。

6岁的东东最近在学画画，每天晚上要练习一个小时。这天晚上，东东在房间里专心地画画，妈妈一会儿开门进来，拿一样东西，一会儿嘱咐东东说："你爸今天又喝了酒，睡下了，记住，你今晚不要去他房间打扰他了。"一会儿帮东东把新买的画笔递过去："这是我今天去超市买的，跑了好几家才买到你要的这种呢！"就这样，一幅画东东画了一个小时。

父母经常意识不到，孩子做事的时候，需要安静，需要不被打扰。时不时的打扰，是对孩子专心做事的一种破坏。

4.与孩子达成协议，互不干扰

对此，家长要做到：尽量不要频繁地问孩子学习的问题。很多时候，学习的事就让孩子自己去处理，作为父母，我们不要把重心都放在孩子学习上，该干什么干什么，该看电视时照常看电视，该玩时照常玩，让孩子觉得父母并不是太看重自己的学习，他们才能放松心情学习。

我们的孩子犹如一株花苗，在一个和谐的家庭中才能健康地成长，才能尽情盛放。为了孩子，也为了全家的幸福，父母长辈们应该随时保持好心情，为孩子创造一个良好的成长环境。

能别催了吗——催促只能打乱孩子的节奏

在一家玩具店内，4岁的乐乐站在某机器人面前认真地观看、把玩，爱不释手……但是，走在前面的妈妈不耐烦地回头，然后对乐乐说："老玩一个有什么意思？再玩这个就没时间玩其他的了！"还没等乐乐回答，妈妈已经一把拽起乐乐大步往前走了……

这样的场景，想必很多妈妈都不陌生，成人生活和工作的节奏很快，所以希望我们的儿女也能按自己的想法、自己的节奏行事。但是，我们要明白的是，无论是生活节奏、生理节奏以及生命节奏，我们与孩子都是大不相同的。孩子有自己的节奏，对他们而言，感觉最舒服、最顺畅、最有利的就是顺应自然的生理节奏。如果孩子的生活节奏过快，会影响身体的激素分泌，对他们的身体和心理都会造成损害。

诚然，每位家长都希望自己的孩子不仅能健康成长，还能够比其他孩子更优秀、出色，我们培养儿童时间管理能力的初衷也在此，我们希望孩子能高效学习和做事。然而，孩子似乎总是慢吞吞、磨磨蹭蹭，或者是拖拖拉拉，这让快节奏的我们感到很不适应。于是，我们经常会对蹒跚学步的孩子说："快点，再快点！"我们会对慢慢穿衣服的孩子说："穿一件衣服怎么那么慢？"等孩子稍大点，我们还是在不停地催促："快点吃饭""快点做作业""快点弹琴""快点睡觉"，甚至"快点玩"。有人打趣地说，在中国，所有的妈妈都是一样的。

一个不可否认的现实是：孩子与大人一样，每日生活在催促之中，快速、高效、忙碌、省事，成为最基本和理所当然的生活状态。

那么，妈妈们为什么要不停地催促孩子呢？因为父母觉得孩子太磨蹭，打乱了自己的节奏，于是反过来打乱孩子的节奏。

教育心理学家认为，经常被打乱节奏的孩子，一般都会有早熟、易烦躁、耐性差的特征，或截然相反，表现为反应迟缓、自我压抑、对某些事物过分依赖。

第一类孩子学会了取悦他人并优先满足他人的愿望；第二类孩子却因无法达到妈妈的要求而感到自己是"坏孩子"，从而失去自信。这两种情况都容易让孩子丧失自我。

催促孩子，在日常的家庭中是再普遍不过的事了，它能起到监督和教育孩子的作用，能帮助孩子在最短的时间内适应外在，但是，如果过度催促，则会让孩子产生焦虑情绪，而这种焦虑通常是妈妈自身引发的。一旦孩子感染了妈妈的这种焦虑，对孩子的伤害就在不知不觉中产生了。

经常被妈妈催促来催促去，孩子会质疑自己的生活节奏，认为是自己出了问题，要么逐渐认同妈妈而变成一个同样焦虑的人，要么以一种极为拖沓的方式生活，以这种被动拖沓的方式表达对妈妈的愤怒。儿童教育家孙瑞雪说：妈妈要想让孩子在人际关系敏感期发展好，就要让他自己完成自己的事情，不要插手。直到孩子需要妈妈的帮助，我们再介入，但也不是直接帮助，而是协助他，让他自己去处理。

1.尊重孩子，允许孩子有自己的节奏

孩子的每一个成长阶段，都需要得到妈妈的尊重。孩子小的时候需要妈妈的尊重，让他一步一步来。就像一棵小树长成大树，需要蓄积自己的力量。妈妈不要着急，磨蹭不是什么大不了的事情，等他自己迟到一次，认识到严重性，自己也就抓紧了。孩子的磨蹭是逐渐接受社会的过程，妈妈不要着急，尊重他的磨蹭。

2.静静等待，不要代替

一位妈妈在谈到自己的女儿时说："我女儿两岁半，每次吃饭总是十分笨拙、慢慢腾腾的，我工作那么忙，哪有时间慢慢等她吃，所以我一着急，就会忍不住干脆拿起往女儿嘴里塞，久而久之，就成了习惯。其实，我也知道这样做不对，但是每次看到女儿把饭菜吃到嘴里，我才能安心。"

其实，孩子也有自己的步调，妈妈只需静静地等待，不代替他，让他自己一步一个脚印往前走。

妈妈有时候也很委屈，我催你，我也很忙的好吗，你自己把自己的事情做好，还需要催吗？什么是小孩，这不就是小孩吗？小孩很难达到成年人的速度，而妈妈也不要妄图用成年人的思维要求小孩。妈妈不都是从孩子这样一步一步过来的么，为人母，要有耐心，不要拔苗助长，让孩子自己慢慢成长。

当然，一味地指责妈妈也是不公平的，因为妈妈承受着巨大的压力。我们都在努力地和时间赛跑，但无论如何，我们也要尝试和孩子一起慢下来生活，尤其是对孩子的教育上，我们更要有些耐心，给孩子时间，让他自己去完成，正如《孩子，你慢慢来》一书中写道："我，坐在斜阳浅照的台阶上，望着这个眼睛清亮的小孩专心地做一件事。是的，我愿意等上一辈子的时间，让他从从容容地把这个蝴蝶结扎好，用他5岁的手指。孩子，慢慢来，慢慢来……"

能别唠唠叨叨吗——小心你的唠叨影响孩子的效率甚至影响未来

孩子总归是孩子，需要家长的呵护，尤其是处于心智尚未成熟的童年时期，一个不小心，孩子就可能学习成绩下滑，或者结交一些不良朋友等，因此，多半时候，我们都会对孩子的一举一动相当敏感，或者总是希望孩子按照我们以为的正确的方式去学习、生活和娱乐。于是，只要孩子的行为有什么"差池"，我们便开始唠叨了，久而久之，不仅让孩子不耐烦，更会让孩子分心，影响孩子的学习和做事效率。让孩子出现注意力分散的情况。我们先来看看下面的案例：

周六的一天，一位妈妈来到某儿童心理咨询诊所，在找到医生，谈到自己儿子的情况时，她眉头紧锁："孩子马上要上小学了，最近孩子在上一个幼小衔接班，但是辅导班的老师说，他上课根本就不听，回来一问学了啥，不知道！平时吃饭喊他，也是十遍八遍地喊，就跟听不见一样，这马上要上小学了，可怎么弄？"这位妈妈之所以来咨询，是因为她怀疑孩子智商有问题，所以想给孩子测测智商。

她告诉医生，她从孩子出生后几个月就出国了，夫妻二人在国外做生意，而孩子从出生后一直是家里的爷爷奶奶带，奶奶平时说话比较唠叨，也比较溺爱孩子，所以孩子很顽皮，不听话。

现在，孩子马上要上小学了，他们就回来将孩子带在身边，担心孩子小学跟不上，就给他报了个暑期的幼小衔接班。可是，上了一个暑假，感觉没学到什么。老师说上课的时候，孩子老是不注意听讲，经常老师在前面讲，他在下面小动作不断，学习效率很低，家长经常问他学了什么，他一无所知。

"不只是在学校，就连平时在家吃饭，也是喊了好多次喊不动，就跟没听见一样，你说他听力有问题吧，要是感兴趣的事儿，小声说他也能听见。"

这位妈妈还怀疑孩子的智商有问题，但咨询中心的老师在与孩子进行了简单的交流和观察后认为，这个孩子的问题可能不是智商问题，而是存在注意力缺陷，这种情况或与孩子的生长环境有关。这位妈妈还是不放心，并坚持做了智商测试，结果表明孩子的智商确实没问题。而事实上，孩子之所以会出现这样的问题，可能是因为长期和老人生活在一起，老人又比较唠叨，就像人们长时间处于噪音的环境中，会自然屏蔽。老人爱唠叨，说了孩子不听，也不会造成什么影响，所以，孩子习惯性地会屏蔽掉家长给他的指令。

其实，在家庭教育中，这样的情况不少。孩子注意力不集中，学习能力差，上幼儿园的时候，不是很明显，到了小学的时候会很快显现出来，其中，最明显的结果就是学习成绩差。

对于这种情况，父母要从日常生活和学习中加以矫正，通过游戏、讲故事等活动加强孩子的视觉统合能力、听觉统合能力及注意力训练。

父母应该相信孩子，给孩子独立的空间，不要唠叨。有的时候孩子的一些行为，父母不认同，但只要不是原则上的错误，不如让孩子自己去碰碰钉子。

父母本来应是孩子最愿意倾诉衷肠的对象，但不少父母往往把关心变成了唠叨，以致招来孩子的厌烦。虽然儿童也渴望倾诉、渴望理解，但他们更需要父母施以正确的沟通方式。那么，在日常的家庭生活中，我们该如何避免对孩子唠叨呢？

以下是几点建议：

1.少说话，善于察言观色

日常生活中，我们对孩子的关心不一定全部要通过语言，我们不妨学会察言观色，从一些小细节上发现孩子细微的变化。

另外，即使与孩子交流，我们也要对孩子的反应敏感些。孩子对谈话内容感兴趣时，可将话题引向深入，一旦发现孩子有厌烦情绪，就应立即停止，或转移话题，以免前功尽弃。另外，即使找到交流的话题，也应力求谈话简短有趣、目的明确，切忌啰唆，以免造成切入点选择准确，但交流效果不佳的情况。

2.沟通不一定是"用嘴说"，用小纸条也是不错的方法

康康是个单亲家庭的孩子，他的母亲在他3岁的时候就离开了。他的父亲就身兼母职，独自抚养康康。父亲经常出差，但出门前总会在冰箱上留一张便条："里面有一瓶牛奶，三个西红柿，请不要忘记吃水果。"在写字台上留一张便条："请注意坐姿，别忘了做眼保健操。"

多年以后，康康考上了大学，父亲为他整理东西时，竟然发现他把这些纸条全揭下来并完整地夹在书本中。父亲的眼睛一下子湿润了——原来孩子的情感之门始终是向自己敞开的，对自己的关爱也始终珍藏在心底。

3.关心孩子不要总是只问学习

曾经有媒体调查，调查结果是："在与孩子沟通的问题

上，家长指导孩子学习的占70%，这就是问题的症结所在。"孩子的成才应该是全方位的，只抓孩子的学习，对孩子全面发展极易产生负面的"蝴蝶效应"。这是对任何年龄阶段的孩子实施家庭教育过程中都应该避免的。

作为父母，我们若想和孩子沟通，就需要多关注孩子除了学习外的其他方面，如果你的儿子是个球迷，那么，你可以默默帮孩子搜集一些信息，孩子在感激后自然愿意与你一起讨论球技、赛事等；如果你的孩子爱唱歌，你可以在节假日为孩子买一张演唱会门票，相信你的孩子一定备受感动，因为他的父母很贴心、明事理。

这种类型的交流是"润物细无声"式的，它没有居高临下的压迫感，极具亲和力，孩子也容易打开心扉，接受与父母的交流。

当然，让孩子打开心扉，与孩子交流的方式、方法远不止这些。但总的原则是：一定要让孩子觉得父母是在真正地关心他。

我想看电视玩计算机——电子产品只能让孩子消耗时间和精力

随着信息和网络技术的发展，电子产品在我国的大街小巷已经普及开来，以前是电视，现在是计算机、iPad和手机等。现代都市中，无论是成人还是小孩，几乎是人手一部手机，很多人回家的第一件事也是打开电视,拿着遥控器往沙发上一躺,开始漫长的电视之旅。好不容易有双休日,也是泡在计算机上,不仅孩子看电视、玩计算机,父母也是。久而久之,孩子对这些电子产品的兴趣更浓厚,哪还有心思学习和看书呢?

越来越多儿童的精力和注意力正在被电子产品侵蚀和破坏,对学习失去兴趣,更别说有多少学习热情了。有一项调查发现,0~8岁儿童有至少40%的清醒时间是对着屏幕度过的。如今电子产品种类越来越多,如计算机、电视、手机、iPad,一个都不少。并且,很多孩子从小就开始跟着父母看电视了:躺在摇篮里,父母为了哄孩子不哭,就开着电视让他们吃饭睡觉;2岁的孩子不懂电视情节,就开始看各种广告。长大以后,他们就开始玩计算机和手机。当孩子对电视和计算机的兴趣越来越浓,有些家长就利用电视来达到各种控制孩子的目的,如为了让小孩子吃饭的时候不要乱跑,故意开电视或手机给孩子看,吸引他们的注意力,方便喂饭。等孩子上到小学,各种动画片、电视剧、娱乐节目也成了他们生活的一部分。

美国儿科学会认为，儿童在2岁以前不宜接触任何电子产品，在儿科学会的专家看来，儿童的大脑在最初的几年发育是最快的，而这段时间，唯有和人接触，而不是和屏幕接触，才能更好地学习。大一些的孩子和青少年每天花在娱乐媒体上的时间不应超过两个小时，而且所涉及的内容应该是经过筛选的、优质的，他们应该有更多自由时间在户外玩耍、阅读、发展业余爱好，并以此培养自己的想象能力。

为什么看电视对于儿童的成长有这样的不良影响？

研究者认为，电视节目、计算机和手机视频画面变化很快，会给孩子的注意力造成比较重的负担，长期来看，会使孩子的注意力和提取信息的能力因不堪重负而受损。另外广告太多时，孩子的注意力需要在故事情节和广告之间切换，专注力会下降。

正如教育专家所说的："我们整天把这些电子产品扔给孩子们，是在分散他们的注意力，而不是教他们如何自我安抚，如何让自己平静下来。"

更加值得引起重视的是，只要开了电视，就会对儿童造成一定的影响。一些大人以为虽然开了电视，但是孩子根本没在看，但即使只是电视背景声营造的喧闹、混乱环境对孩子也是有害的。此外，看太多电视还会对孩子的视力、阅读能力、学习成绩、注意力、记忆力和社会功能造成不良影响。

从电视到计算机、智能手机，数码产品几乎已经渗透到每个人的生活之中,孩子的时间耗在各种"屏幕"前已经成为了无法逃避的一部分。如果处理不当,这些数码产品对孩子可能产生大脑发育、心理健康及身体健康的三重伤害。父母和老师需要帮助孩子管理看电视、玩手机的时间,并监督筛选适合孩子的内容。

当然,电视已经成为了家里不可或缺的一个工具,是了解信息和放松精神的渠道。要禁止孩子看电视几乎是不可能完成的任务,但是家长可以做到以下几点来减少电视对孩子的不良影响:

1.避免让2岁前的幼儿使用电子产品

在美国有一个研究,对2600个孩子进行追踪调查研究,发现他们2岁时在电子产品上花费的时间,对7岁时的自控力、条理能力都有负面的影响。

孩子的成长要在真实的环境下体验,父母要多陪伴孩子,带孩子体验户外活动,让孩子感受大自然的真实色彩和声音,而不是让他们陷于电子产品的诱惑。陪伴孩子需要占据父母的时间,这就需要父母们处理好工作、娱乐与教育孩子的关系。

父母应该要明白,在孩子儿时多付出一些,孩子长大之后就会让自己少操心。反之,父母在孩子小时候疏于照顾,他长大之后的教育问题,就会让父母倍加辛苦,也难取得教育效果。

2.父母应该严格限制孩子接触电子产品的时间

小学生每天接触电子产品的时间不宜超过一个小时,周末每天玩计算机的时间不要超过1.5小时。如果父母在孩子小时候就立下严格的规定,培养他们的自制力,随着年龄的成长,他们就会逐渐养成自我管理自己的好习惯,对孩子未来的自主学习也非常有帮助。

电子产品是这个时代的产物,我们不能回避,但对孩子来说,家长的榜样的力量非常大,现在很多家长不是手机不离身,就是一回家就坐在计算机前面,孩子和父母的交流大大减少。对于孩子来说,他们最初的交流对象就是父母,如果父母是这样,那么孩子也会照着学。父母在自己做好榜样的同时,也要加强和孩子们的交流,要让孩子们明白,生活中不仅有手机和计算机,还有亲人之间的接触和交流。

当然,如果孩子已经对电视、计算机、iPad等形成依赖心理,家长应寻求专业心理医生的帮助,尽早干预,不应放任问题愈演愈烈!

房间太乱影响学习心情——儿童房间如何布置

父母是孩子的第一任老师,而家庭是孩子的第一所学校,也是孩子生活和学习时间最长的场所。为孩子营造一个良好的学习氛围,是有助于提升孩子学习效率的。如今,很多父母也都开始关注这一问题。

7岁的多多马上就要上一年级,是一名名副其实的小学生了。开学前,妈妈为多多买了很多文具和学习用品,有书包、笔袋、铅笔、橡皮等。

不仅如此，妈妈还精心地将多多的房间重新布置了下，她在房间内贴了粉红色的壁纸，添置了一个粉红色的书桌和书柜，书柜里还摆放了多多平时最爱看的童话书、科普一类的书籍，以及字典等工具书。书桌上放了一盏护眼台灯和诸如书立、文件夹等学习用品。

多多进房间以后很开心，在之前，这个房间全部是洋娃娃，而且一进去就想玩，玩累了就躺在床上睡觉，可是现在这个房间很适合学习。多多对这个"新"房间也感到很满意。

和案例中的多多妈一样，很多家长已经认识到为孩子布置一个适合学习的房间的重要性。在很多家庭里，孩子的学习和休息是在一个房间进行的，但如果房间脏乱不堪，或者光线很暗，都是不利于孩子学习的。因此，对于孩子的房间的布置，我们一定要予以足够的重视。下面是几点给家长的建议：

1.为孩子提供一个固定的学习场所

在学校，老师都会为每个孩子安排固定的课桌和座位，到了座位上，等待孩子的自然就是学习。同样，我们在家里也要为孩子安排一个固定的学习场所，这能对孩子起到一个积极的暗示作用，当孩子一进入这个场所，就会自觉地学习。

2.尽量为孩子提供一个书房

如果有条件的话，我们不妨单独为孩子安排一个房间，作为他的书房。如果条件不允许，我们可以在他的卧室摆放好书桌和书柜，给他营造一个井然有序的学习环境。

3.保证孩子学习环境的整洁

一项研究表明,在干净整洁的环境下,孩子的学习兴趣和学习潜能能被激发出来,学习和记忆效果也会有所增加,而杂乱不堪的环境下,孩子的学习热情也会受到影响。因此,家长有必要为孩子提供一个适于学习的环境。

当然,这并不是说父母要事事为孩子做准备,当他们的免费保姆。一般来说,我们可以和孩子商量好,在周末的时候,一起进行一次大扫除,鼓励他亲自清扫自己的房间,收拾书桌,以营造一个整洁的学习环境。

4.房间的布置要问询孩子自己的意见

在一个家庭里,孩子的房间是他独处的空间,是属于他自己的一片小天地,如果我们在布置房间时候能问询孩子的意见,他一定能感受到来自父母的尊重。

有一位妈妈,她在装修新家的时候,尤其是在为女儿装修房间时,全程都问询女儿的意见,包括从墙壁的颜色到家具的选购,再到房间的整体布置。至于生活用品和学习用品的摆放,女儿也是在妈妈的指导下,亲自动手整理的。

所以对于这个房间,女儿非常喜爱,尤其当坐在自己亲自挑选的书桌前学习的时候,很有一种成就感,学习兴趣也非常高。

除了感受到来自父母的尊重,孩子对于自己亲自参与布置的房间,会不自觉地就对这些家具有一种独特的感情。当他身在其中学习的时候,更能体会到一种温馨的感觉,也就很容易专心地投入学习中了。因此,在布置孩子的学习环境的时候,我们也要尊重他的意见，听听他的想法。

5.布置房间时为孩子挑选合适的家具

一般来说，房间也是孩子学习的场所，因此需要摆放诸如书桌、书柜、座椅等家具。在为孩子选择家具的时候，一些父母认为，只要能用就行，也有一些父母只买贵的。其实，孩子房间家具的选择也是有讲究的，而这恰恰会影响孩子学习的积极性。

比如，对于0~6岁的孩子，我们在为他选择家具的时候，更要关注家具的颜色与造型，要选择那些颜色鲜艳活泼或者形状有趣的家具。这样的家具能激发孩子的学习兴趣和热情。目前，市面上有很多电脑喷漆和拼色卡通家具都是不错的选择。

对于6岁以上的孩子，我们在选择家具的时候要注重功能性，颜色最好趋近于中性颜色。不过，我们最好还是先问询孩子的意见，或者带孩子去挑选。

此外，因为孩子正处于生长发育期，骨骼和脊柱还没有发育完全，所以座椅的椅面不要太软，桌子和椅子的高度也要调到一个合适的比例。另外，考虑到孩子正在成长，我们为孩子选择的桌子和椅子最好是可调节的。

总的来说，作为父母，我们不仅要督促孩子努力学习，更要和孩子一起努力营造一个好的学习氛围，其中尤其要重视孩子房间的布置，因为孩子只有在干净整洁、学习氛围浓厚的环境内能更好、更快地学习。

我不敢拒绝别人——孩子敢于拒绝他人才能避免时间和精力浪费

一天,女儿丽丽和妈妈闲聊时抱怨说:"妈妈,我们班张琴又让我给她带早餐,真烦人。"

"帮助同学不是应该的吗?"

"可她每天都这样。本来那天早上,她说自己要迟到了,给我打电话让我带早餐直接去教室吃,但后来,她每天都说自己要迟到,我经常给她带早餐,自己都差点儿迟到了。哎,我也不知道怎么拒绝她。"

"乖女儿,你是个善良的孩子,但帮助别人也要有度的,别人能做到的事,却让你去帮忙,你就不该答应。你的时间也宝贵,不能因为帮助别人耽误时间学习……"

很多孩子因为不懂得拒绝别人而浪费了很多时间。每个人的时间都是宝贵的,如果对于别人的请求来者不拒的话,只能让你成为一个"大忙人"了。要知道,他人有邀请你的权利,你也有拒绝合作的权利。因此,提高做事效率的一个关键点是学会拒绝。

谦让是中华民族的美德,大多数父母也都明白一个道理,即孩子最终要走向社会,要在群体中生活。与人分享,才能得到别人的信任、支持和尊重,因此,父母们希望自己的孩子学会与人分享,养成慷慨、大方、谦让的美德。但任何事情都要讲究一个度,若是轻易承诺了自己无法履行的职责,将会带给自己很大的困扰和沟通上的困难，为了避免这种情况，就需要学会拒绝。

学会拒绝的能力，越早越好。尤其是对于事物有初步认识的儿童，学会拒绝，是他们保护自己的一种有效方式。有些儿童不会拒绝别人，究其原因是父母包办太多。比如，家里来了小客人，父母总是希望自己的孩子能表现得很好客。于是，当别的儿童想要这个玩具或者那个玩具，而自己的孩子恰好也喜欢时，父母觉得应该教孩子谦让他人，因此总是极力说服自己的孩子放弃自己的需要，来满足小客人的要求。虽然这种做法被许多父母一直延续着，也确实能让父母面子有光，但是，从儿童成长的角度来说，父母的这种做法也剥夺了孩子自己做主和拒绝他人的权力。

也有一些家长"越俎代庖"，有些儿童虽然有不愿意的情绪，但是因为胆量较小，不敢自己去拒绝，这时，好心的家长往往会替儿童拒绝他人，从而维护孩子的权益。这样做的结果，就是使孩子失去了实践的机会，从而胆量越来越小，越来

越不敢开口说"不"。

当然，教导孩子学会拒绝别人这个过程也需要父母的引导，因为拒绝别人实在不是一件容易的事。有些孩子在拒绝对方时，因感到不好意思而不敢据实言明，致使对方摸不清自己的意思，而产生许多误会，同时也容易给自己心理造成压抑。大胆地拒绝别人，是相当重要却又不太容易的事情。教会孩子学会拒绝别人，将使孩子受益终身。当孩子没有勇气拒绝的时候，也就可以尝试下面的几种方法。

1.教孩子泰然接受他人的拒绝

即便孩子还小，父母也应该在孩子头脑中强化一个概念：别人的东西不属于我。这样，他就明白了拒绝别人的必要。

2.让孩子坚持自己的决定

有些孩子不敢拒绝同伴的要求是因为害怕别人不跟自己玩，害怕被孤立，于是，别人要什么东西，他就会拱手相让，可是，事后他就后悔了。这种情况就是平常说的"没志气"，常发生在年龄较小的孩子当中。

这就需要家长逐渐培养孩子的果敢品质，自己说过的话、做过的事，就应该勇敢承担起责任来，自己拒绝同伴后就应该承担起受冷落的后果，而不是过后就反悔。

3.教孩子正确认识"面子"问题

孩子不敢拒绝他人还可能是为了照顾面子。比如，虽然自己的钱都是父母给的，但当别人来借钱去玩游戏时，为了面子还是借给别人。有些孩子甚至发展到别人叫他去做一些不合纪律的事情也会违心去做,而事后却遭到老师的批评。可见,让孩子学会拒绝就应该教孩子正确区分面子。

4.教给孩子委婉拒绝的技巧

拒绝别人的某些无法接受的要求或者行为时,妈妈要教给孩子应注意的方式、方法,不可态度生硬,话语尖酸。你要告诉孩子,先不要急着拒绝对方,可采用迂回委婉的方式说明自己的实际情况,既不违反自己主观意愿,还可以给对方一个可以接受的理由。以下是几种委婉的、孩子可以学习的方法:

(1)让孩子学会用商量的语气和别人说话。告诉孩子,拒绝别人有时要和对方反复"磨嘴皮子",直到对方认可。如此,既可巧妙地拒绝对方,又能避免一场冲突。

(2)让孩子学会间接拒绝别人。开门见山,直截了当式的拒绝,犹如当头一盆冷水,使人难堪,伤人面子。父母要教会孩子先承后转的方法,这是一种避免正面表述、间接主动出击的技巧,即首先进行诱导,当对方进入角色时,然后话锋一转,制造出"意外"的效果,让对方自动放弃过分的要求。

(3)教孩子善用语气的转折。告诉孩子,当不好正面拒绝时,可以采取迂回的战术,转移话题也好,另有理由也可以,主要是要善于利用语气的转折:首先温和而坚持,其次绝不答应。

(4)教孩子学会推迟别人的请求。如果孩子不想答应别人的请求,父母可以教孩子用一拖再拖的办法,推迟别人的请求,比如说"我想好了再跟你说""我再考虑考虑"等,这都是一种委婉拒绝别人的方法。别人也会从孩子的推迟中，明白他的意图，也不会使双方过于尴尬。

总之，父母所要做的，就是教会孩子如何平和地、友好地、委婉地、商量地拒绝别人的要求；同时泰然自若地接受他人的拒绝，而不是为孩子解决、包揽问题。

第 10 章
劳逸结合，让孩子在玩与学中找到平衡

对于任何儿童来说，学习都是他们成长期的重要任务，但时间不够用，是每个孩子都会遇到的问题。不少父母会让孩子争分夺秒地学习，甚至不惜以牺牲健康和娱乐为代价。其实这是错误的，要知道，我们唯有身心健康且放松，才能提升学习热情和积极性甚至效率。那么，具体来说，如何帮助孩子平衡学习和生活呢？本章我们将谈及这一问题。

学习累了就要活动活动——引导孩子积极进行体育运动

我们都知道，生命在于运动，美国运动医学院的研究表明，正确的运动帮你持久保持健康活力和苗条体态的程度高达70%。现实生活中，不少家长认为孩子只要认真学习就可以，因此忽视了对孩子身体素质的锻炼，这导致了不少孩子抵抗力差、免疫力不足等。实际上，体育锻炼对于改善神经系统的调节机能，提高学习能力，以及提高工作效率，都起着积极作用。比如学生学习累了，到户外活动一会再回来学习，学习效率肯定会提高。这也是我们安排课间10分钟的原因。

体育锻炼对身体的良好作用，也是通过神经系统的影响而实现的。经常进行体育锻炼的人，大脑皮质神经细胞的兴奋性、灵活性和耐久力都会得到提高。灵活性提高了，反应也就更快了。经常进行体育锻炼的人，在自然环境中接受寒冷和炎热的刺激，其对环境变化的适应能力和对疾病的抵抗能力都会提高。

因此，父母只要有条件，就要引导孩子积极进行体育运动，当孩子养成了运动的习惯后，不但能消除疲劳，还能减少或避免各种疾病。

那么，具体来说，我们该如何引导呢？

1.多和孩子一起运动

孩子通过运动增强身体素质，开发智力能力，不仅需要父母有运动的意识，还需要父母切切实实做到言传身教。父母可以通过和孩子一起运动，引导孩子运动，培养孩子拥有好习惯。

2.不断学习，了解各种运动的好处

在平时的生活中，可以给孩子多介绍一些运动的好处，培养孩子运动的兴趣。

体育运动项目丰富多彩，各种活动对孩子的影响也不尽相同，因此作为父母，首先要了解各种运动的意义，针对不同情况加以引导，例如，可以告诉孩子足球这项运动讲究的是团体合作，如果孩子缺乏这种意识，可以引导孩子尽量朝这方面发展，这样不仅锻炼了身体，也完善了孩子的性情。通过细致地了解各种运动的益处，有选择、有目的地引导孩子朝这方面发展，会收到意想不到的好效果。

3.帮助孩子选择合适的运动方式

运动分成有氧运动和无氧运动两种。

所谓无氧运动，指的是那些时间短、强度大的。儿童处于身体成长和骨骼发育的关键时期，这类运动对于他们来说并不合适。而有氧运动则是持续的，强度不大的，不但能锻炼身体，还能避免强度太大而伤到身体。最重要的是，有氧运动还能调节情绪。

日常生活中，有氧运动的项目有很多，如快走、慢跑、游泳、骑行、滑冰、打太极拳、跳健身舞、跳绳、做韵律操等。

有氧运动特点是强度低、有节奏、不中断和持续时间长。同举重、赛跑、跳高、跳远、投掷等具有爆发性的非有氧运动相比，有氧运动是一种恒常运动，是持续5分钟以上还有余力的运动。

当然，无论做什么运动，你都要做到坚持，而不能三分钟热度。长时间坚持运动，你会发现，自己不仅拥有了一个健康的体魄，还能释放心理压力，重新获得学习的能量。

4.充分利用社区的体育器械

现在的小区基本上都配备了基本的体育器材，父母在业余时间可以锻炼锻炼，在父母的影响下，孩子也会不自由自主地和父母一起锻炼。不仅如此，一般小区的孩子都愿意在这里玩耍，孩子们可以一边互动一边锻炼身体，既锻炼了身体，又沟通了孩子之间的感情，何乐而不为呢？

5.周末多安排运动来休闲

双休日时，父母不要把大把的时间放在睡懒觉、逛街、看电视上，应该有计划地和孩子进行爬山、郊游等活动，让孩子选择喜欢的地点一起去游玩，这样不仅可以调动孩子游玩的积极性，还锻炼了身体。在亲近大自然的过程中，孩子的性情会得到很好的陶冶、熏陶。爬山需要付出体力，既增强体质，又磨炼意志，这对孩子良好素质的浸染作用不可低估。

6.送孩子去喜欢的体育项目培训班

孩子们通过电视、网络等媒介，可能对某些体育项目非常感兴趣，比如男孩子受武打片的影响可能喜欢武术、跆拳道，受体育比赛的影响，喜欢游泳、射击等活动；女孩可能喜欢婀娜多姿的芭蕾舞，喜欢优雅的瑜伽等。这时，父母应该积极鼓励孩子发展这些爱好，给孩子报培训班学习，让孩子在兴趣中达到强身增智的效果。

当然，我们提倡孩子养成运动的习惯，但运动不能超越身体极限，在我们的孩子进行剧烈运动之前，要了解孩子的体能，以方便孩子在做运动的时候把握住度，以免发生危险。

学习时间太长效率差——告诉孩子，一定要避免长时间的连续学习

对于学龄期的儿童来说，他们的主要任务就是学习，并且，随着学习难度的加大，孩子放在学习上的时间也会越来越多。我们经常告诫孩子要珍惜时间、努力学习，不叫一日浪费。因此，很多孩子每天的生活都围绕着"吃饭""学习""睡觉"，甚至不参加任何身体锻炼活动和业余活动，中午吃饭只是"凑合"。他们恨不得"将每一分时间和每一点精

力都拿来学习"。对于这样认真学习的孩子,父母都感到很欣慰。但让我们苦恼的是,这样的孩子学习效率却不好,学习成果也并不理想。这是为什么呢?

其实,对于这些孩子来说,他们注重的是学习时间的累积,却忽视了学习效率的提高。这样的做法并不科学,不利于压力的及时释放,非但难以促进学习,反而会使学习效果大打折扣。因而,在学习过程中,我们要告诉孩子,一定要避免长时间的连续学习。注意劳逸结合才能保持精力充沛,才能提升学习效率。这才是高明的时间管理方法。

我们来看看下面这个学习小故事:

小美是个乖巧的孩子,今年10岁,四年级,从小学一年级开始就认真学习,花的时间也比别人多,但到了三年级后,她发现自己十分健忘,总是记不住东西。快期末考试了,她越发觉得自己无法集中精力学习,上课不停地开小差,总想一些不相干的事。看到身边的同学都在全神贯注地学习,她更加着急,但越着急越容易开小差。在几次测验中,她的成绩由此也越来越糟,原来是班里前十名,现在退到十五六名。于是,有一天放学后,她来找班主任老师谈心。

班主任老师问小美:"你现在花在学习上的时间多吗?"

"是的,但不知道为什么,花的时间虽然多,却不见什么成效。"小美一脸无奈。

"根据你以前的经验,如果整天为不能将所有精力放在学习上而着急,并一味增加学习时间,减少睡眠与休息,会有什么样的结果?"

"好像越来越糟糕。"

"那也就是说,你自己也认同越是着急,越是给自己加压,情况越是糟糕?"

"嗯,是的!"

"既然如此,那你为什么还要着急呢?"

"我也想啊,但似乎我总是无法控制住自己。"

"我能理解,现在假设我们换一个态度:'自己只要尽力了,那么,就对得起自己和父母了,成绩怎样那是老天爷的事',这样会有什么样的结果?"

"可能会放松一些。"

"嗯,既然你能这样想,那事情还不糟糕。举一个例子,假如两个同学同是70分成绩的实力,一个极力想考80分,加班加点,终日紧张,学习效率下降,考试时发挥不出水平,最终只考60分;另一个比较接受70分的现状,该学时认真学,该玩时也放松玩,最后考试发挥出色而考出80分的好成绩,你能理解吗?"

"能……"

从小美遇到的情况,我们不难看出,在学习这一问题上,小美之所以会出现记忆力差、考试成绩不断下降的现象,是因为不断给自己加压,她要让自己把所有的精力都用在学习上,这是一种苛求自己的态度。每个孩子可以掌握自己努力的程度,却把握不了最终成绩。因此,在家庭教育中,从学习效率的角度来考虑,我们要告诉孩子,在学习中一定要注意劳逸结合,该休息的时候就休息,该学习的时候就学习,休息时间能不谈学习就不谈,否则很容易造成自己紧张。

要做到劳逸结合,我们就要告诉孩子:

1. 主动休息

效率专家认为,对于学生而言,持续学习的时间不应超过40分钟,一旦超过,就要主动休息。人在经历了一段时间的工作和学习后,兴奋度会降低,此时,专注程度就会降低,外界的刺激就更难使大脑皮层兴奋,甚至会引起抑制。因此,我们要告诉孩子,在学习40分钟后,就应该站起来走出学习区,呼吸些新鲜空气,活动一下筋骨。

2. 多参加体育运动

身体是"学习的本钱",没有一个好的身体,再大的能耐也无法发挥。因而,我们要告诉孩子做到劳逸结合,不要死读书而忽视了锻炼身体。

3. 保证充足睡眠

我们要告诉孩子,无论学习压力有多大,睡眠时间绝对不能少于6小时,这是成长期孩子的睡眠底线,不能突破。

可以说,当人们累了的时候,睡觉是最好的休息方式,能使大脑受益。

总之,我们要告诉孩子,只有合理安排时间、注意劳逸结合,才能真正提高学习效率,获得良好的学习效果。

我不想整天待在屋子里——经常带孩子去接触大自然

随着越来越多的人涌入城市，飞速发展的城市带来了生活的便利，但是，凡事都有两面性，在走进城市的同时，我们接触大自然的机会减少了。对生活在都市里的孩子来讲，他们越来越渴望接触大自然，他们经常说："我不想整天待在屋子里。"的确，因为学习任务的不断增加，家长对他们的要求也不断提高，然而在学习重压之下，他们越来越缺乏必要的户外活动，这对孩子身心健康的发展极为不利。

相反，带孩子接触大自然，拉近孩子与自然的距离，让他们领略身边山山水水的美丽和自然的妙趣，沐浴明媚的阳光，呼吸清新的空气，可以缓解学习压力，让他们学到许多课本无法给予的知识，有益于孩子的身心健康和快乐成长。

教育专家指出，经常接触大自然的孩子有更强的专注力和学习能力，学习效率也更高。如果成天把孩子关在屋子里，让他待在狭小的空间里，容易让孩子在枯燥、无味的生活中变得郁郁寡欢，不仅会影响孩子的专注力，还遏制了他各种能力的发展，影响其身心健康。因此，家长应把孩子从闭塞的空间里解放出来，创造条件让孩子去感知自然，体会自然的美丽和乐趣，让孩子在自然的怀抱中健康成长，提高感受力与专注力。

大自然的美好不仅可以刺激孩子的大脑细胞，提高大脑兴奋度，提高孩子的注意力；更可以让孩子的情感得以抒发，情绪得以释放，从而发挥更大的潜力。可以说，大自然是孩子学习知识、体验美与生命力的得天独厚的课堂。在这个课堂中，孩子不仅可以感受到大自然的美好，更可以增长见识，锻炼自己的意志力。

其实，亲近大自然是人类的本性，对于孩子来说更是如此。就像我们看孩子堆沙丘，不过就是一堆沙，他却可以不厌其烦，每次都玩上大半天，而那些"城市里"的玩具，孩子可能一下就玩腻了。其实最单纯的东西，反而可以创造出多样的变化。

对于孩子来说，大自然是他们学习、体验、观察、探索的最好场所。在这里，他们的知识得以丰富，体验得以增长，观察力得以提高，而观察所需要的专注力更得到了很大的发展。

我们发现，那些还没有行动能力的婴儿，在还没有行动能力的时候，只要我们将其放到自然空间里，阳光晒在皮肤上、不同的色彩及光线、大自然的芬芳及鸟儿啾啾的声音都会吸引他们。自然之中有太多太多的感官刺激，这些都会激活婴幼儿脑细胞对知觉的辨识，对孩子的各方面发展有极大的帮助。

随着孩子的成长，孩子投入到大自然，不但能让身体得到放松，更能让孩子调节心理活动。

最近，上四年级的娜娜心情很不好，她的爸爸陈先生是个细心的人，他看出来女儿最近的变化，甚至写作业时都在发呆，于是，他找来娜娜，想要帮助女儿释放心里的不快。

在一个周末，还和小时候一样，陈先生开着车带着女儿来到郊外，娜娜一下车就深深地呼吸了一口新鲜空气。此时，陈先生对女儿说："现在能跟爸爸说说你最近怎么了吗？"

"你知道啊，我和阳阳关系很好，我一直把她当最好的朋友，但是她要转到别的学校了，而且很远，我们学习这么忙，估计是没时间见面了。想想以后我一个人上学放学，我就难过。"

"爸爸理解你的心情，拥有一份真正的友情很不容易，我相信阳阳也很珍惜你们的友谊，但是娜娜，你想想，你这样一天闷闷不乐的，不仅影响学习，对自己身体也不好啊。其实现在的通讯这么发达，打电话、微信、视频都能见到她，你不必难过。"

"嗯，是啊，今天跟爸爸出来走走，心情好多了。"娜娜说。

"以后等你有时间，我会经常带你出来的，置身于大自然，爬爬山、看看水，心情肯定能好很多。"

果然，和爸爸回家以后，娜娜又和以前一样，脸上总挂着笑脸，学习也有劲儿了。

在孩子成长的过程中，难免遭遇一些不快，产生一些不良情绪。这些不良情绪，一定要找一个发泄的出口，否则，很容易影响身心健康。

此时，我们可以和孩子一起去大自然中走走，让孩子忘却烦恼。大自然的景色，能拓宽胸怀，愉悦身心，陶冶情操。当孩子融入大自然后，他会发现自然的雄伟，一切不愉快在自然面前都显得渺小，他的心情自然会好很多。到大自然中去走一走，对于调节人的心理活动有很好的效果。

我们带孩子投入大自然中，也告诉孩子，一旦走入大自然，就要全身心地投入当中去。比如，到草地上躺躺，到大树下睡一觉，将脚放到流淌的清泉里，还可以钓鱼、赏花，或者只是呼吸品味大自然的气息……

有条件的话，最好到真正的大自然当中，比如郊区。如不具备条件，可考虑到城市公园等人造的自然风光中去。在走入大自然之前，可能还得考虑时间、金钱等问题，多数情况下，这一切都是值得的。

放暑假就可以好好玩了——引导孩子科学地安排长假的学习与生活

作为学龄期的儿童来说，一年之中最开心的就是放长假了，可是对于我们父母来说，一到放长假，却是既高兴又不高兴。接下来这个假期到底该怎么安排孩子的学习生活呢？是让孩子痛痛快快地玩还是努力学习呢？不过，只要你经过了解就会发现，在孩子的班级中，有一些同学，原本成绩并不理想，可是寒暑假一过、新学期刚开学的考试中，他们就取得了惊人的成绩，这是为什么呢？其实，这是因为他们充分利用寒暑假的时间查缺补漏和有效复习。为此，我们必须要告诉孩子，千万别忽视长假这一绝佳的学习机会。

对此，我们先来听听下面这位成绩优异的小学生是怎么做的：

"从上小学开始，我就认为我的学习能力不如别人，在三年级以前成绩并不是很好，只在年级的中游水平。后来我能够成功地进入全校前三名，一个很重要的原因就是我能够笨鸟先飞，将寒暑假、节日放假的时间都合理地安排。

"我会在寒假时先预习一下下一学期的课本，特别是数学，我会提前去借课本，也去买课本和相应的课本同步资料。然后自己制订好假期计划，每天看多少、做多少，双休日则逛街、打羽毛球、逛书城，有时还和朋友去游览周围的风景名胜。这样学习兴趣更浓厚，因为在玩中印证书本知识的兴奋劲使我回味。这样一个假期下来，自己对这学期要上的课已经基本熟悉了。课堂上，我一方面把已经掌握的知识复习了一次，另一方面不懂的又可以在课堂老师讲课时解决，这就是我笨鸟先飞的招数了。我在四年级时就已经预习完了小学全部知识，而小学毕业的暑假，又将初一课本知识自学了一遍，这样为以后初中学校学习减少了阻力。真感谢自己当初的坚持不懈，我为当时的我感到骄傲，自豪！"

这名小学生为什么能在假期后成绩提高很多？因为他充分利用了假期时间学习，当然，他并不是建议我们在寒暑假争分夺秒地学习，相反，他建议我们劳逸结合，多参加一些娱乐活动。也就是说，合理的寒暑假计划，是要将学习与娱乐都考虑进去的。

那么，我们如何帮助孩子科学、有效地利用长假安排学习和生活呢？建议采取以下学习与生活策略。

1.帮助孩子制订学习计划

相对于周末这样的假期来说，长假的时间比较长，比如学生的寒暑假，上班族的国庆、五一、年假等，我们只有先帮助孩子制订一个适合自己的学习计划，才能将自己的学习状态调到最佳，从而让孩子高效地完成自己的学习。

比如：你可以告诉孩子：

"在一天内，你最好要保证自己的学习时间保持在6小时在右；学习时间最好固定在上午8：30~11：30，下午14：

30~17：00，晚上19：30~20：30。

"另外，你需要把休息的时间考虑进去，既不要睡懒觉，也不要开夜车；制订自己的学习计划，但主要是以保证每科的学习时间为主。例如：数学定的是2个小时，但2小时过后任务还没有完成，建议赶快根据计划更换到其他的复习科目。千万不要出现计划总是赶不上变化的局面。

"晚上学习的最后一个小时建议把安排设置为机动，目的是把白天没有解决的问题或没有完成的任务再找补一下。

"每天都要进行各科的复习和预习，要将自己擅长、喜欢或厌恶的科目交叉安排。不要前赶或后补作业。记住，完成作业不是目的，根据作业查缺补漏，或翻书再复习一下薄弱环节才是根本。

"如果遇到了自己解决不了的问题，千万不要钻'牛角尖'或置之不理，可以打电话请教一下老师或者其他同学！"

2.监督孩子执行学习计划

再完美的学习计划，如果不执行，都会成为空谈，因此，在引导孩子制订学习计划后，还要监督他们完成。

3.告诉孩子假期别一味地学习，要劳逸结合

既然是长假，就应该适度休息、让孩子调整好自己的身心状态，唯有如此，他才能以最佳状态面临假期后的学习。

总之，帮助孩子科学地计划寒暑假的学习，你一定要考虑到孩子的身、心、智的需要，从而让孩子过一个有意义、充实的假期。

一到下午就无精打采——培养孩子每天午睡的好习惯

睡眠的重要性毋庸置疑，那些高效学习和工作的人更有午睡的习惯。一些人因为太忙而放弃午休，殊不知，午休是一种获得体力和精力不可或缺的方式。生活中，不少孩子总是到了下午就无精打采、学习效率下降，这是因为没有睡午觉的缘故。

睡眠研究专家表示，午休是人类保护我们自身的一种方式，在远古时代，人们午休可能是为了躲避室外炎炎烈日，后来逐渐演变成一种生活方式；那时候的人类聚集在暖热地带，而人们工作主要是在户外，因此午休成为人们避免遭受热浪袭击的方法。

在希腊，有个针对23681人的调查研究发现，在一周之内午睡的人患心脏病的几率比那些不午睡的人降低37%。此外，难治性高血压、糖尿病等，也都与睡眠密切相关。

睡眠专家们研究发现，人体所需要的睡眠不只是在夜晚，白天也需要，且有三个睡眠高峰期，分别是上午9时、中午1时和下午5时，尤其是中午1时的高峰较明显。也就是说，人除了夜间睡眠外，在白天有一个以4小时为间隔的睡眠节律。专家们认为，人白天的睡眠节律往往被繁忙的工作、学习和紧张的情绪所掩盖，或被茶、咖啡之类具有神经兴奋作用的饮料所消除。

所以，有些人白天并没有困乏之感。然而，一旦此类外界刺激减少，人体白天的睡眠节律就会显露出来，到了中午很自然地想休息。倘若外界的兴奋刺激完全消失，人们的睡眠节律进一步降低，上下午的两个睡眠节律也会自然地显现出来。这便是人们为什么要午休的道理。

研究还表明，午休是正常睡眠和清醒的生物节律的表现，是保持清醒必不可少的条件。不少人，尤其是脑力劳动者会体会到，午休后工作效率会大大提高。国外有资料证明，在一些有午休习惯的国家和地区，冠心病的发病率要比不午睡的国家低得多，这与午休能使心血管系统舒缓，并使人体紧张度降低有关。所以，有人把午休比喻为最佳的"健康充电"，是有充分的道理的。

对于生长发育期的孩子来说，养成良好的睡眠习惯，在中午时短暂午睡，对于身体的发育和下午的学习都有极大的裨益。

那么，父母能够在孩子午睡这一问题上提示他做些什么呢？

1.不要饭后即睡

刚吃了午饭，胃内充满了食物，消化机能处于运动状态，如这时午睡会影响胃肠道的消化，不利于食物的吸收，长期这样会引起胃病；同时，也影响午睡的质量。父母最好让孩子在饭后半小时入睡。

2.注意睡的姿势

睡觉的姿势以右侧卧位为好，因为这样可使心脏负担减轻，肝脏血流量加大，有利于食物的消化代谢。但实际上，由于午睡时间较短，可以不必强求卧睡得偏左、偏右、平卧，只要能迅速入睡就行。将裤带放松，便于胃肠的蠕动，有助于消化。如果是趴坐在桌子上午睡的话，最好拿个软而有一定高度的东西垫在胳膊下，这样可以减小挤压，比较容易入睡。

3.时间不宜过长

10~30分钟的午睡已足够，午睡时间不宜过长。

好头脑效率会更高——让孩子远离损害大脑的坏习惯

随着年龄的增长，人的记忆力和反应能力会下降，这是很自然的。我们常听到老年人感叹："年纪大了，脑子不中用了。"然而，现在越来越多的年轻人，甚至很多学生也感到脑子不够用，常常注意力涣散、做事情丢三落四，白白耽误了很多时间，影响学习和做事效率。事实上，出现这样的情况，和他们在生活中不知不觉养成了有损大脑的不良习惯有着密切的关系。

那么，这些不良习惯有哪些呢？接下来我们一一列举：

1.睡眠不足

随着人们生活节奏普遍加快，睡眠不足已成为当今都市人的普遍现象，而睡眠不足对人的智力和记忆力影响很大。

有科研人员对24名大学生做了研究，在研究的第一次测验中，2组学生的测验成绩一样。随后，这两组学生中，其中一组彻夜不眠，另外一组进行了正常的睡眠和休息。在第一天，研究人员对2组学生又进行了一次测验。结果表明，一夜未眠的学生的测验成绩大大低于正常睡眠的学生的成绩。

大量研究证实,睡眠不足的人认知能力、语言能力、创造能力和制订计划的能力都会降低。这是因为,人在睡眠不足的情况下,大脑前额叶皮层活动会降低。另外,长期睡眠不足或质量太差,还会加速脑细胞的衰退,导致记忆力下降,长此以往,聪明的人也会糊涂起来。

睡眠过多同样会引起记忆损伤。赵忠新介绍,每天睡眠超过9个小时的人容易出现记忆衰退的现象。日间思睡导致注意力不集中、记忆力下降,这是引起各种事故的一个重要因素。

2.长期饮食不当

饮食对于大脑的衰老和神经退行性疾病的发生是有影响的。长期饮食不当,如吃太饱,吃太多甜食或经常食用快餐和方便食品,都将会加速与年龄相关的认知下降,并增加神经退行性疾病发生的风险。

3.过分依赖电子产品

随着科技的发达,日常生活中可以接触到的电子产品越来越多,如电视、计算机、手机和iPad等。过分依赖电子产品会促使大脑在其功能上更习惯于信息搜索,而减少或忽略使用记忆,由此负责记忆的大脑区域就会变得越来越懒,功能逐渐衰退;记忆力得不到充分的锻炼和激活,长期处于懈怠状态,就会出现精神难集中、记忆力下降和丢三落四等情况。

4.运动不足

经常锻炼的人,能让更多的新鲜氧气大脑,给大脑增添活力，同时运动可以刺激脑源性神经营养因子，促进大脑神经元的生长或再生。据报道，经常锻炼能让成年人的海马体容量增加2%。体育锻炼能平衡大脑中的化学物质，加强神经细胞之间的连接，从而提高脑力。

越长时间不运动，越是很难集中注意力。研究表明，适当的有氧运动不仅对人的记忆有影响，对提升大脑活力的作用也非常显著。

适当的运动不仅有利于人体周身的血液循环，而且也能更好地为脑部供氧和增加营养，保持脑部的活跃，孩子的注意力自然也就更好了。

5.长期在高压下学习或在不良环境中生活

适度的压力可以促进人的思维，但压力过大会伤害大脑。研究表明，压力促使肾上腺分泌皮质醇，而皮质醇过高对大脑颇具危险。

6.缺乏人际交流，不愿动脑

人需要交流和沟通，快乐积极的情绪对增强人的脑部活力有着重要的作用。和人交谈时必需的反应和有逻辑条理的对答话语，有维持、锻炼和促进大脑的功能。因此，作为父母，我们要鼓励孩子在学习之余多与人交流，这样不但能缓解紧张的学习气氛，也能让孩子的大脑重新得到活力。

另外，培养孩子的兴趣爱好也至关重要，是锻炼大脑的最佳方法。不愿动脑的结果只能是加快脑力的退化，聪明的孩子也会变得迟钝。

总的来说，在日常生活中，作为父母，我们要尽力让孩子避免以上不良习惯，这是保护大脑的前提工作，不可小觑，只有大脑灵活，才能保证学习和做事的效率。

参考文献

[1]钟思嘉,王宏,李飞,等.儿童时间管理训练手册[M].北京：清华大学出版社,2018.

[2]崔馨.儿童时间管理[M].北京：中国铁道出版社,2019.

[3]鲁鹏程.优秀儿童的时间管理手册100招[M].北京：北京理工大学出版社,2017.

[4]何小英.不急不催 轻松让孩子学会时间管理[M].北京：人民邮电出版社,2019.